D1391584

bon appétit

Poissons
& Fruits de mer

Carol Tennant

Réalisation : *In*Texte Édition

ISBN: 1-40543-510-0

Imprimé en Chine
Printed in China

NOTE
Une cuillerée à soupe correspond à 15 à 20 g d'ingrédients secs et à 15 ml d'ingrédients liquides.
Une cuillerée à café correspond à 3 à 5 g d'ingrédients secs et à 5 ml d'ingrédients liquides.
Sans autre précision, le lait est entier, les œufs sont de taille moyenne et le poivre
est du poivre noir fraîchement moulu.

La consommation des œufs crus ou peu cuits n'est pas recommandée
aux enfants, aux personnes âgées, malades ou convalescentes
et aux femmes enceintes.

Sommaire

Introduction

Le poisson mérite sa réputation d'aliment sain. Riche en protéines et en acides gras polyinsaturés (notamment les poissons gras comme le maquereau et le hareng), il aide efficacement à réduire le taux de cholestérol. Excellente source de minéraux, le poisson blanc est peu gras, surtout poché, cuit à la vapeur ou légèrement grillé. Si on prête aux crustacés une forte teneur en cholestérol, ils contiennent en revanche peu d'acides gras saturés et peuvent donc être consommés avec modération. La diversité des poissons et des crustacés est étonnante. Décideriez-vous de consommer du poisson ne serait-ce qu'une fois par semaine, vous ne mangeriez jamais deux fois le même en un an. Les crustacés sont rapides et simples à préparer, d'où leur intérêt pour des repas vite faits. Souvent vendu prêt à cuire, le poisson se prépare en quelques minutes, et les crustacés, déjà cuits, requièrent encore moins de préparation. Contrairement à la viande, le poisson a un excellent rapport qualité/prix, car il comporte très peu de déchets et est dépourvu de graisse ou de tendons. Intégrer le poisson à vos menus est donc une décision de bon sens.

ACHAT

Où que vous achetiez votre poisson, chez le poissonnier ou au supermarché, les mêmes règles s'appliquent :

• le poisson doit avoir des yeux clairs, brillants et humides. Tout animal aux yeux ternes, gris ou laiteux est à proscrire ;

• les ouïes doivent être rouges, brillantes et propres, jamais ternes et grises ;

• le poisson doit dégager une odeur iodée, rien d'autre ;

• si vous appuyez légèrement avec votre pouce, la chair ne doit pas garder de trace une fois la pression relâchée ;

• la coquille des crustacés fermés (huîtres, moules, clams…) doit être parfaitement close avant la cuisson. Si la coquille est entrouverte, tapotez-la et si elle refuse de se fermer, jetez-la ;

• les crustacés cuits doivent dégager une odeur de fraîcheur, sans trace d'ammoniaque. Reportez-vous à la date limite de consommation s'il y en a une.

CONSERVATION

Puisqu'il est difficile de connaître le jour de pêche, surtout lorsqu'il est vendu dans les supermarchés, il est préférable de cuire le poisson le jour même de l'achat. Malheureusement, les réfrigérateurs modernes ne sont pas idéaux pour conserver le poisson. Ils affichent des températures de 5 °C quand le poisson doit être conservé à 0 °C. Si vous devez malgré tout conserver du poisson, n'attendez pas plus d'un ou deux jours. Mettez-le dans un récipient en plastique et recouvrez-le de glaçons. Enveloppez de film alimentaire et conservez dans la partie la plus froide du réfrigérateur.

Les poissons à chair plus ferme, comme le turbot, la sole et la lotte, se congèlent mieux que les poissons à chair moins ferme, comme le bar, la limande-sole et le carrelet. Tous se dégradent néanmoins en peu de temps. Les poissons gras sont particulièrement mal adaptés à la congélation. Malgré tout, si vous devez conserver votre poisson plus d'un jour ou deux, cette méthode reste la meilleure solution. Veillez à le décongeler totalement et lentement avant de le cuire.

PRÉPARATION

Le temps de préparation nécessaire d'un poisson dépend du lieu où vous l'achetez. Certains supermarchés disposent d'un étalage de poissons frais avec un poissonnier qualifié. Mais d'autres vendent le poisson sous vide. Bon nombre de poissons sont vendus écaillés et vidés, entiers ou en filets. En général, il est plus intéressant d'acheter le poisson entier et de le préparer vous-même. Bien sûr, vous pouvez demander au poissonnier de préparer à votre place un poisson acheté entier, mais ce n'est pourtant pas difficile à faire. Il vous faut un couteau tranchant et un peu de pratique.

MATÉRIEL

Dans l'ensemble, vous n'avez pas besoin de matériel spécialisé, mais si vous prévoyez de faire souvent du poisson, quelques accessoires peuvent être utiles. Pour pocher un poisson entier par exemple, achetez une poissonnière, récipient rectangulaire en acier inoxydable, pourvu d'un couvercle et d'un panier. Vous en trouverez de toutes les tailles.

Un wok, ou une grande sauteuse, est utile pour les fritures et les poêlées. Si vous aimez le poisson à la vapeur, choisissez une marmite à vapeur (bain-marie), un panier à étuver en bambou ou électrique. Un thermomètre à friture, une friteuse et une grande casserole sont aussi pratiques.

Pour nettoyer vous-même le poisson, il importe d'avoir un couteau à fileter de qualité. Sans oublier une pince à épiler pour ôter les petites arêtes.

MÉTHODES DE CUISSON

À poissons différents, cuisson différente mais, en règle générale, le poisson sera plus moelleux poché, cuit à la vapeur ou en marmite que cuit au gril, au four ou au barbecue. Il est néanmoins possible de minimiser le dessèchement si, pour ces trois dernières méthodes, la température est assez vive, ce qui cuit vite le poisson et diminue la perte d'eau.

POCHAGE

Plongez le poisson dans un liquide, court-bouillon, fumet de poisson, lait, bière ou cidre. Dès que le liquide arrive à ébullition, retirez la casserole du feu et laissez cuire à la chaleur résiduelle. Aucun risque d'obtenir un poisson trop cuit avec cette méthode, idéale pour le poisson servi froid.

CUISSON VAPEUR

La cuisson à la vapeur convient tant aux poissons qu'aux crustacés. Un liquide aromatisé peut également être utilisé : en cuisant, le poisson absorbe une partie de ses arômes. Cette méthode est également idéale pour préserver le moelleux du poisson et ses délicates saveurs. Utilisez une poissonnière, une panier à étuver ou un cuit-vapeur.

MARMITES

Entier ou en morceaux, le poisson accepte la cuisson dans un liquide avec d'autres ingrédients, des légumes par exemple, sous forme de marmite. Le poisson parfume le liquide en cuisant et lui confère un goût particulier.

GRIL

C'est l'une des méthodes les plus rapides et les plus simples de cuisson du poisson. Cuisez le poisson entier, en darnes, ou en filets. Vous pouvez aussi cuire les crustacés préalablement fendus dans la longueur. Quel que soit l'aliment, veillez à choisir la température la plus élevée et à placer le poisson le plus près possible de la source de chaleur. Le barbecue convient bien à ce type de cuisson. Badigeonnez le poisson d'un peu de beurre, d'huile ou de marinade avant et pendant la cuisson pour qu'il conserve son moelleux.

CUISSON AU FOUR

La cuisson au four englobe la cuisson à découvert, à l'étouffée ou en papillote. C'est la méthode idéale pour recevoir, puisqu'une fois le poisson au four, vous pouvez faire autre chose.

FRITURE

Vous pouvez enduire le poisson de pâte à beignets, de farine ou de chapelure avant de le plonger dans la friture. Vous aurez besoin d'une grande casserole à fond épais ou d'une friteuse. Les gros morceaux de beignets de poisson se cuisent dans une huile à 180 °C afin d'éviter que la pâte brûle. Les plus petits, comme les goujonnettes enrobées de chapelure se cuisent à une température plus élevée de 190 °C. Égouttez les morceaux frits sur du papier absorbant pour préserver leur croustillant.

FRITURE À LA POÊLE

Voici une méthode de cuisson des poissons et des crustacés plutôt rapide, puisqu'il faut compter à peine 3 à 4 minutes de cuisson. Faites chauffer un peu d'huile ou de beurre dans une poêle, ajoutez le poisson et cuisez-le jusqu'à ce qu'il soit juste tendre et légèrement coloré. Prévoyez une poêle antiadhésive de qualité.

Difficile de résister aux nombreux arguments en faveur d'une consommation accrue de poisson : variété, polyvalence, créativité et luxe sans oublier que le poisson est plus sain que la viande. Laissez-vous donc tenter !

Hors-d'œuvre & entrées

Les recettes présentées dans ce chapitre cherchent à vous
mettre en appétit avant le plat principal, sans vous
couper l'appétit, ou à accompagner l'apéritif.
La richesse des saveurs des poissons et des fruits de mer
en font l'aliment idéal des entrées. De quoi réaliser
quantité de plats délicieux. En outre, le poisson
est sans conteste bien plus léger que la viande.

Puisqu'il cuit vite, le poisson est un bon choix lorsque
vous recevez. Bon nombre des plats proposés ici
peuvent se préparer à l'avance et être servis froids,
comme les bouchées aux anchois, le pâté de maquereau
fumé et le saumon fumé au citron vert et au basilic,
ou simplement réchauffés, comme les tartelettes
de moules au curry ou les encornets farcis.

Vous trouverez également un excellent assortiment
d'entrées : omelette de crabe à la thaïlandaise,
ragoût de crevettes et galettes de crabe du Maryland
accompagnées de leur sauce au basilic et à la tomate,
et quantités de salades comme la salade de haddock
fumé et les bruschettas à l'anchoïade, aux tomates
et à la mozzarella.

Bouchées aux anchois

Ces délicieuses bouchées aux anchois sont parfaites servies au début du dîner, à l'apéritif.
Si vous préférez vous pouvez utiliser, pour gagner du temps, de la pâte d'anchois déjà prête.

30 bouchées

INGRÉDIENTS

175 g de farine
80 g à soupe de beurre, coupé
  en petites noisettes
4 cuil. à soupe de parmesan
  fraîchement râpé
3 cuil. à soupe de moutarde de Dijon
sel et poivre

ANCHOÏADE
2 boîtes de 50 g d'anchois à l'huile
  d'olive, égouttés
100 ml de lait
2 gousses d'ail, grossièrement hachées
1 cuil. à soupe de persil plat frais
  grossièrement haché

1 cuil. à soupe de basilic frais
  grossièrement haché
1 cuil. à soupe de jus de citron
2 cuil. à soupe d'amandes blanchies,
  grillées et grossièrement hachées
4 cuil. à soupe d'huile d'olive

1 Pour la pâte, tamiser la farine dans une grande terrine, incorporer les noisettes de beurre avec les doigts, jusqu'à obtention d'une consistance de chapelure, et ajouter la moitié du parmesan, le sel et suffisamment d'eau (environ 3 cuillerées à soupe) pour obtenir une pâte ferme. Pétrir brièvement, envelopper de film alimentaire et mettre au réfrigérateur 30 minutes.

2 Pour l'anchoïade, mettre les anchois dans un petite terrine,

recouvrir de lait et laisser tremper 10 minutes. Sécher soigneusement les anchois avec du papier absorbant et jeter le lait.

3 Hacher grossièrement les anchois, mettre dans un robot de cuisine avec l'ail, le persil, le basilic, le jus de citron, les amandes hachées et 2 cuillerées à soupe d'huile, et mixer jusqu'à obtention d'une consistance homogène. Retirer du robot à l'aide d'une spatule, incorporer le reste

d'huile d'olive et poivrer selon son goût. Réserver.

4 Sortir la pâte du réfrigérateur et l'abaisser en un rectangle très fin de 55 x 37,5 cm. Étaler en couche mince 2 cuillerées à soupe d'anchoïade et la moutarde de Dijon, saupoudrer avec le reste de parmesan et poivrer.

5 En partant du côté long, rouler étroitement la pâte, découper dans la largeur en tranches de 1 cm d'épaisseur et disposer sur une plaque de four antiadhésive, face coupée vers le haut, en les espaçant bien.

6 Cuire au four préchauffé, à 200 °C (th. 6-7), 20 minutes, jusqu'à ce que la pâte soit dorée et laisser refroidir sur une grille.

Bruschettas à l'anchoïade, aux tomates et à la mozzarella

Cette salade colorée révèle une multitude de saveurs et de textures.
On utilise dans cette recette un mélange de tomates cerises et de tomates olivettes, mais cette salade
sera tout aussi délicieuse préparée avec n'importe quelle variété de tomates mûres.

4 personnes

INGRÉDIENTS

2 boules de 150 g de mozzarella
    de bufflonne, égouttées
115 g de tomates cerises oranges
115 g de tomates cerises rouges
2 tomates olivettes ou grosses tomates
    mûres

1 gousse d'ail
2 tomates orange ou jaunes mûres
4 cuil. à soupe d'huile d'olive vierge
    extra, un peu plus pour assaisonner
1 cuil. à soupe de vinaigre balsamique
1 poignée de feuilles de basilic

8 tranches épaisses de ciabatta
    ou de pain de campagne
4 cuil. à soupe d'anchoïade
    (*voir* page 8)
sel et poivre

1 Couper la mozzarella en tranches épaisses et réserver. Couper les tomates cerises en deux et couper les autres tomates en tranches épaisses.

2 Pour la vinaigrette, fouetter l'huile d'olive avec le vinaigre balsamique, le sel et le poivre.

3 Faire griller le pain des deux faces, frotter une face avec la gousse d'ail et arroser d'un filet d'huile d'olive. Tartiner l'anchoïade sur le pain grillé.

4 Disposer les tranches de tomates dans 4 assiettes et répartir les tomates cerises dessus.

5 Garnir le pain de tranches de mozzarella et de 2 à 3 demi-tomates cerises, et faire griller les tranches de pain garnies 3 à 4 minutes au gril préchauffé, jusqu'à ce que le fromage commence à fondre. Arroser d'un filet de vinaigrette, parsemer de feuilles de basilic frais et poivrer.

6 Présenter 2 tranches de pain par assiette.

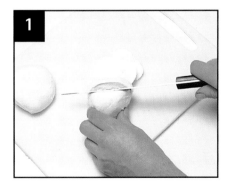

Bagna cauda aux crudités

Traduit littéralement, bagna cauda *signifie « bain chaud ». C'est une recette typique de la région du Piémont en Italie, où il est souvent dégusté lors de grands rassemblements.*

8 personnes

INGRÉDIENTS

1 poivron jaune
3 branches de céleri
2 carottes
1/2 chou-fleur
115 g de champignons
1 bulbe de fenouil

1 botte d'oignons verts
2 betteraves, cuites et épluchées
8 radis
225 g de pommes de terre nouvelles, cuites à l'eau
225 ml d'huile d'olive (non vierge extra)

5 gousses d'ail, hachées
50 g d'anchois à l'huile en boîte, égouttés et hachés
115 g de beurre
pain italien, en accompagnement

1 Pour les légumes, épépiner et émincer finement le poivron. Couper le céleri en tronçons de 7,5 cm et les carottes en julienne. Pratiquer 4 incisions sur les champignons, en partant du centre. Séparer les fleurettes du chou-fleur et couper le fenouil en deux dans la longueur, puis en quatre. Parer les oignons verts et les radis. Couper la betterave en huit et les grosses pommes de terre en deux. Disposer les légumes préparés sur un grand plat de service.

2 Chauffer à feu très doux l'huile dans une casserole, ajouter l'ail et les anchois, et cuire à feu très doux, en remuant, jusqu'à ce que les anchois soient défaits. Veiller à ce que l'ail ne dore pas ni ne brûle.

3 Incorporer le beurre et, dès qu'il a fondu, servir immédiatement la sauce aux anchois avec l'assortiment de crudités et une grande quantité de pain.

CONSEIL

Un caquelon à fondue est idéal pour ce plat car il maintiendra la sauce à bonne température pendant le repas.

Crevettes royales à l'ail

En Espagne, les crevettes royales sont servies parfumées à l'ail et au piment,
accompagnées de pain frais et arrosées de citron.

4 personnes

INGRÉDIENTS

120 ml d'huile d'olive
2 piments rouges forts, épépinés
   et finement hachés

450 g de crevettes royales cuites
4 gousses d'ail, finement hachées
2 cuil. à soupe de persil plat frais haché

sel et poivre
quartiers de citron, en garniture
pain frais, en accompagnement

1 Chauffer l'huile à feu doux dans une grande poêle, ajouter l'ail et les piments, et faire fondre 1 à 2 minutes, sans laisser dorer, jusqu'à ce qu'ils soient fondants.

2 Ajouter les crevettes, réchauffer 2 à 3 minutes, jusqu'à ce qu'elles soient bien imprégnées d'huile et d'aromates, et retirer du feu.

3 Ajouter le persil, bien mélanger et saler et poivrer selon son goût.

4 Répartir les crevettes et l'huile aillée dans des assiettes chaudes, garnir de quartiers de citron et servir avec beaucoup de pain frais.

CONSEIL

Si vous trouvez
des crevettes crues,
préparez-les comme
indiqué ici, en les cuisant
5 à 6 minutes jusqu'à
ce qu'elles aient pris
une coloration rose vif.

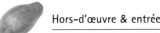
Mini-pâtés impériaux aux crevettes

Ces délicieux mini-pâtés impériaux seront parfait servis avec un assortiment de canapés.
Accompagnez-les d'une sélection de différentes sauces, comme le suggère cette recette.

30 mini-pâtés

INGRÉDIENTS

50 g de vermicelle de riz
1 carotte, en julienne
50 g de pois mange-tout, finement
   émincés dans la longueur
3 oignons verts, finement hachés
1 blanc d'œuf, battu

100 g de crevettes roses cuites
   décortiquées
2 gousses d'ail, hachées
1 cuil. à café d'huile de sésame
2 cuil. à soupe de sauce de soja claire
1 cuil. à café de sauce au piment

200 g de pâte filo, coupée en carrés
   de 15 cm
huile, pour la friture
sauce de soja épaisse, sauce au piment
   doux ou sauce aigre-douce
   (*voir* page 40), en accompagnement

1 Cuire le vermicelle selon les instructions figurant sur le paquet, bien égoutter et hacher grossièrement. Réserver. Porter à ébullition une casserole d'eau salée, blanchir les carottes et les pois mange-tout 1 minute, égoutter et rafraîchir à l'eau courante. Égoutter de nouveau, sécher avec du papier absorbant et incorporer au vermicelle. Ajouter les oignons verts, les crevettes, l'ail, l'huile de sésame, la sauce de soja et la sauce au piment, et réserver.

2 Plier les carrés de pâte filo en deux dans la diagonale pour obtenir des triangles, disposer un triangle sur un plan de travail, pli face à soi, et déposer 1 cuillerée de préparation au centre. Rouler la pâte par-dessus, rabatte les bords vers le centre pour fermer les rouleaux et dorer à l'œuf battu la partie qui vous fait face. Fermer le rouleau en le recouvrant de la partie au premier plan. Répéter l'opération pour obtenir 30 pâtés.

3 Remplir au tiers une friteuse ou une casserole, chauffer l'huile à 190 °C, un dé de pain doit y dorer en 30 secondes, faire frire les pâtés impériaux, par 4 ou 5, 1 à 2 minutes, jusqu'à ce qu'ils soient dorés et croustillants. Égoutter sur du papier absorbant et faire frire le reste des pâtés impériaux en plusieurs fois.

4 Servir chaud avec de la sauce de soja épaisse, de la sauce au piment doux ou de la sauce aigre-douce.

Satay de crevettes royales

Si vous le pouvez, agrémentez ce satay d'ingrédients thaïs typiques, tels que feuilles de lime, pour ajouter des saveurs qui n'ont aucune réelle équivalence.

4 personnes

INGRÉDIENTS

12 crevettes royales crues décortiquées

MARINADE
1 cuil. à café de coriandre en poudre
1 cuil. à café de cumin en poudre
2 cuil. à soupe de sauce de soja claire
4 cuil. à soupe d'huile
1 cuil. à soupe de poudre de curry
1 cuil. à soupe de curcuma

120 ml de lait de coco
3 cuil. à soupe de sucre

SAUCE AUX CACAHUÈTES
2 cuil. à soupe d'huile
1 cuil. à soupe de pâte de curry rouge
  (*voir* page 102)
3 gousses d'ail, hachées
120 ml de lait de coco

225 ml de fumet de poisson
  ou de bouillon de poulet
1 cuil. à soupe de sucre
1 cuil. à café de sel
1 cuil. à soupe de jus de citron
4 cuil. à soupe de cacahuètes non-salées
  grillées, finement hachées
4 cuil. à soupe de chapelure

1 Fendre les crevettes le long du dos pour éventuellement les déveiner et réserver. Mélanger les ingrédients de la marinade, incorporer les crevettes et bien mélanger. Couvrir et réserver au moins 8 heures, une nuit entière si possible.

2 Pour la sauce aux cacahuètes, chauffer l'huile à haute température dans une grande poêle, ajouter l'ail et faire revenir, jusqu'à ce qu'il commence à dorer. Ajouter la pâte de curry, bien mélanger et cuire 30 secondes. Ajouter le lait de coco, le fumet de poisson ou le bouillon de poulet, le sucre, le sel et le jus de citron, bien remuer et laisser bouillir 1 à 2 minutes, sans cesser de remuer. Ajouter les cacahuètes finement hachées et la chapelure, bien mélanger et verser la sauce dans une petite terrine. Réserver.

3 Prendre 4 brochettes, piquer 3 crevettes sur chacune et cuire à point 3 à 4 minutes de chaque côté au gril préchauffé à haute température ou au barbecue. Servir immédiatement avec la sauce aux cacahuètes.

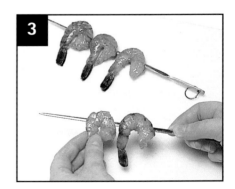

Crevettes en escabèche

Ces petits ramequins de crevettes au beurre épicé sont un classique de la gastronomie anglaise,
originaire de Morecambe Bay dans le Lancashire, où cette recette est encore préparée de nos jours.

4 personnes

INGRÉDIENTS

225 g de beurre
400 g de crevettes grises,
  non-décortiquées, ou 225 g de
  crevettes roses cuites et décortiquées

1 pincée de poivre de Cayenne
1/2 cuil. à café de macis en poudre
1 gousse d'ail, hachée
1 cuil. à soupe de persil frais haché

sel et poivre
pain complet, en accompagnement
quartiers de citron et brins de persil
  frais, en garniture

1 Chauffer le beurre dans
une petite casserole, jusqu'à
ce qu'il fonde et mousse. Réserver
10 minutes, jusqu'à ce que le beurre
se dissocie, enlever délicatement
l'écume qui surnage et jeter
les particules blanches solides.
Le liquide jaune restant s'appelle
beurre clarifié.

2 Décortiquer les crevettes et jeter
les carapaces. Chauffer
2 cuillerées à soupe de beurre
clarifié dans une poêle et ajouter
les crevettes, le poivre de Cayenne,
le macis et l'ail. Augmenter le feu,
faire revenir 30 secondes et retirer

du feu. Incorporer le persil, saler et
poivrer.

3 Répartir les crevettes dans
4 ramequins, en tassant bien
avec le dos d'une cuillère, arroser
du reste de beurre clarifié et réserver
au réfrigérateur, jusqu'à
ce que le beurre soit figé.

4 Retirer les ramequins
du réfrigérateur 30 minutes
avant de servir pour que le beurre
ramollisse. Faire griller le pain
complet et servir avec les crevettes,
garni de quartiers de citrons et
éventuellement de brins de persil frais.

CONSEIL

Les crevettes qui conviennent le mieux
à cette recette sont les petites grises.
Elles sont très savoureuses
et s'imprègnent bien de beurre.
Si vous n'en trouvez pas, remplacez-
les par des crevettes roses décortiquées.

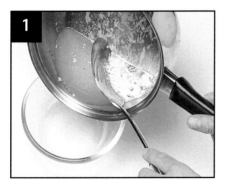

Pruneaux farcis aux moules

Voici une variante d'une traditionnelle recette d'huîtres enveloppées de lard.
Dans cette recette, des moules fraîches farcissent des pruneaux, qui sont eux-même enroulés
dans de fines tranches de lard, badigeonnés de sauce et grillés.

24 bouchées

INGRÉDIENTS

3 cuil. à soupe de porto
1 cuil. à soupe de miel liquide
2 gousses d'ail, hachées

24 gros pruneaux, dénoyautés
24 moules fraîches

sel et poivre
12 tranches de lard fumé

1 Mélanger le porto, le miel et l'ail dans une petite terrine, saler et poivrer. Mettre les pruneaux dans une petite terrine, verser la sauce au porto et couvrir. Laisser mariner au moins 4 heures, une nuit entière si possible.

2 Le lendemain, nettoyer les moules en les grattant et en les ébarbant, mettre dans une grande casserole avec une petite quantité d'eau et couvrir. Cuire 3 à 4 minutes à feu vif, jusqu'à ce que toutes les moules soient ouvertes. Jeter celles qui restent fermées.

3 Égoutter les moules et réserver le jus de cuisson. Laisser refroidir et décoquiller les moules.

4 Étirer chaque tranche de lard avec le dos d'un couteau et couper en deux. Retirer les pruneaux de la marinade en réservant celle-ci.

5 Farcir chaque pruneau avec une moule, envelopper d'une tranche de lard et maintenir fermé à l'aide d'une pique à cocktail.

6 Dans une casserole, laisser mijoter le jus de cuisson des moules avec la marinade restante, jusqu'à ce

que le mélange réduise et prenne une consistance sirupeuse, et enduire les pruneaux farcis de cette sauce. Cuire au gril préchauffé à haute température, 3 à 4 minutes de chaque côté en retournant fréquemment et en enduisant de marinade, jusqu'à ce que le lard soit doré et croustillant. Servir immédiatement.

VARIANTE

Pour changer du lard, prenez
de la pancetta ou du jambon de Parme
découpé en lanières et procédez
de la même manière.

Beignets de moules

Si vous trouvez difficile de préparer vous-même une mayonnaise, ou si vous préférez ne pas consommer d'œufs crus, utilisez de la mayonnaise déjà prête et mixez avec l'ail et les fines herbes.

4 à 6 personnes

INGRÉDIENTS

175 g de farine
1 pincée de sel
1 œuf
225 ml de bière blonde
900 g de moules fraîches
huile, pour la friture

MAYONNAISE AIL ET FINES HERBES
1 jaune d'œuf
1 cuil. à café de moutarde de Dijon
1 cuil. à café de vinaigre de vin blanc
2 cuil. à soupe de mélange de fines
  herbes hachées (persil, ciboulette,
  basilic, thym par exemple)

2 gousses d'ail, hachées
225 ml d'huile d'olive
sel et poivre

GARNITURE
tranches de citron
persil frais

1 Pour la pâte, mettre la farine et une pincée de sel dans une petite terrine, incorporer l'œuf et la moitié de la bière, et fouetter, jusqu'à obtention d'une consistance homogène. Ajouter petit à petit le reste de bière, continuer à fouetter jusqu'à obtention d'une consistance homogène et réserver 30 minutes.

2 Nettoyer les moules en les grattant et en les ébarbant. Jeter celles dont la coquille est cassée ou qui restent ouvertes quand on les manipule. Mettre les moules dans une casserole avec une petite quantité d'eau, couvrir et cuire 3 à 4 minutes à feu vif, en secouant la casserole de temps en temps, jusqu'à ce que toutes les moules soient ouvertes. Jeter celles qui restent fermées. Égoutter, réserver, laisser tiédir et décoquiller.

3 Pour la mayonnaise, mettre dans un robot de cuisine le jaune d'œuf, la moutarde, le vinaigre, les fines herbes, l'ail, le sel et le poivre, et mixer, jusqu'à obtention d'un mélange mousseux. Moteur en marche, ajouter l'huile d'olive, goutte à goutte, jusqu'à ce que la préparation épaississe, puis en un mince filet continu. Ajouter un peu d'eau chaude si la préparation est trop épaisse et réserver.

4 Remplir au tiers d'huile une sauteuse et chauffer à 190 °C, un dé de pain doit y dorer en 30 secondes. Plonger les moules dans la pâte, en plusieurs fois, retirer à l'aide d'une écumoire et faire frire dans l'huile bouillante 1 à 2 minutes, jusqu'à ce qu'elles soient dorées et croustillantes. Bien égoutter sur du papier absorbant, servir les beignets de moule très chauds avec la mayonnaise à l'ail et aux fines herbes, et garnir de rondelles de citron et de persil.

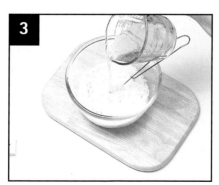

Moules au pistou

Ces délicieuses moules constituent une entrée sophistiquée, mais qui nécessite peu de préparation.
Servez-les avec du pain frais pour pouvoir saucer le plat.

4 personnes

INGRÉDIENTS

900 g de moules fraîches
6 cuil. à soupe de basilic frais haché
1 cuil. à soupe de pignons, grillés
2 cuil. à soupe de parmesan
   fraîchement râpé

100 ml d'huile d'olive
115 g de chapelure blanche
sel et poivre
2 gousses d'ail, hachées

GARNITURE
feuilles de basilic
rondelles de tomates

1 Nettoyer les moules en les grattant et en les ébarbant. Jeter celles dont la coquille est cassée ou qui restent ouvertes quand on les manipule. Mettre les moules dans une grande casserole avec une petite quantité d'eau, couvrir et cuire 3 à 4 minutes à feu vif, en secouant la casserole de temps en temps, jusqu'à ce que toutes les moules soient ouvertes. Jeter celles qui restent fermées. Égoutter, réserver le jus de cuisson et laisser refroidir.

2 Filtrer le jus de cuisson dans une casserole et laisser mijoter, jusqu'à ce qu'il en reste environ 1 cuillerée à soupe. Mettre le jus de cuisson dans un robot de cuisine avec le basilic, l'ail, les pignons et le parmesan, et hacher finement. Incorporer l'huile d'olive et la chapelure, et bien mélanger.

3 Ouvrir et décoquiller les moules. Jeter la moitié de coquille vide. Répartir la chapelure au pistou sur les moules.

4 Cuire au gril préchauffé, jusqu'à ce que la farce soit croustillante et dorée et que les moules soient réchauffées, garnir avec des rondelles de tomates et des feuilles de basilic, et servir immédiatement.

VARIANTE

Pour changer des pignons, ajoutez au pistou 85 g de tomates séchées au soleil dans l'huile, égouttées et concassées.

Tartelettes de moules au curry

Les moules s'agrémentent très bien de saveurs pimentées et sont pleines de ressources.
Ici, elles sont cuites dans une onctueuse crème de curry avec une pâte croustillante aromatisée aux noix.

6 personnes

INGRÉDIENTS

175 g de farine

$^1/_2$ cuil. à café de curcuma

$^1/_2$ cuil. à café de sel

80 g de beurre, coupé en petites
noisettes

25 g de noix finement hachées

2 cuil. à soupe d'eau glacée

FARCE AUX MOULES ET AU CURRY

450 g de moules fraîches

2 cuil. à café d'huile

2 gousses d'ail, finement hachées

1 cuil. à café de gingembre frais râpé

1 cuil. à café de pâte de curry douce

200 ml de crème fraîche épaisse

2 jaunes d'œufs

2 cuil. à soupe de coriandre fraîche
hachée

sel et poivre

salade, en accompagnement

1 Pour la pâte, tamiser la farine, le curcuma et le sel dans une grande terrine et incorporer le beurre avec les doigts, jusqu'à obtention d'une consistance de fine chapelure. Incorporer les noix, ajouter l'eau et pétrir brièvement jusqu'à ce que la pâte commence à s'amalgamer, en ajoutant de l'eau si nécessaire. Retourner la pâte sur un plan de travail légèrement fariné et pétrir, jusqu'à obtention d'une consistance lisse. Envelopper de film alimentaire et mettre au réfrigérateur 30 minutes.

2 Nettoyer les moules en les grattant et en les ébarbant. Jeter celles dont la coquille est cassée ou qui restent ouvertes quand on les manipule. Mettre les moules dans une grande casserole avec une petite quantité d'eau, couvrir et cuire 3 à 4 minutes à feu vif, en secouant la casserole de temps en temps, jusqu'à ce que toutes les moules soient ouvertes. Jeter celles qui restent fermées. Égoutter, laisser tiédir et décoquiller les moules.

3 Chauffer l'huile dans une petite casserole, faire revenir l'ail et le gingembre 1 minute, et incorporer la pâte de curry. Retirer du feu, ajouter la crème et laisser refroidir la sauce.

4 Diviser la pâte en 6 portions. Abaisser finement chaque boule de pâte pour foncer 6 moules à tartelettes de 9 cm, recouvrir la pâte de papier d'aluminium et remplir de légumes secs. Cuire au four préchauffé, à 200 °C (th. 6-7), 10 minutes, retirer le papier d'aluminium et les légumes secs, et cuire 5 minutes. Retirer du four, laisser tiédir et réduire la température du four à 180 °C (th. 6).

5 Répartir les moules cuites dans les moules. Incorporer en battant les jaunes d'œufs et la coriandre à la sauce à la crème refroidie, saler et poivrer selon son goût. Napper les moules de la préparation obtenue, cuire au four préchauffé, 25 minutes, jusqu'à ce que l'appareil soit pris et la pâte dorée, et servir tiède accompagné d'une salade.

5

Calmars frits

La pâte à frire utilisée n'est pas strictement traditionnelle, mais ces calmars seront parfaits servis à la mode espagnole, pour l'apéritif, parmi une sélection de tapas ou de canapés.

4 personnes

INGRÉDIENTS

115 g de farine
1 cuil. à café de sel
2 œufs
175 ml d'eau gazeuse

450 g de calmars préparés
 (*voir* méthode), découpés en anneaux
huile, pour la friture

quartiers de citron, en accompagnement
brins de persil, en garniture

1 Tamiser la farine et le sel dans d'une grande terrine, ajouter les œufs et la moitié de l'eau gazeuse, et battre jusqu'à obtention d'une consistance homogène. Incorporer petit à petit le reste d'eau gazeuse, en fouettant, jusqu'à obtention d'une pâte lisse, et réserver.

2 Pour les calmars, tenir fermement le corps du calmar, saisir les tentacules à l'intérieur du corps et retirer les viscères en tirant fermement. Retirer l'os transparent, saisir les nageoires à l'extérieur du corps et tirer pour retirer la peau rosâtre. Couper les tentacules juste en dessous du bec et réserver.

3 Laver le corps et les tentacules à l'eau courante, découper le corps dans la largeur en anneaux de 1 cm et bien égoutter sur du papier absorbant.

4 Remplir au tiers d'huile une sauteuse et chauffer à 190 °C, un dé de pain doit y dorer en 30 secondes.

5 Plonger les anneaux et les tentacules de calmar dans la pâte, en plusieurs fois, faire frire dans l'huile bouillante 1 à 2 minutes, jusqu'à ce que les beignets soient dorés et croustillants, et égoutter sur du papier absorbant.

Servir très chaud, avec des quartiers de citron et du persil.

CONSEIL

Si vous ne souhaitez pas nettoyer vous-même le calmar, demandez à votre poissonnier de le faire. On trouve souvent des calmars déjà prédécoupés en anneaux. Vous pouvez également utiliser des chipirons.

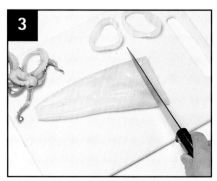

Encornets farcis

Une recette typiquement grecque d'encornets farcis. La plupart des supermarchés qui disposent d'une poissonnerie vendent les encornets déjà nettoyés.

4 personnes

INGRÉDIENTS

12 encornets, nettoyés
4 cuil. à soupe d'huile d'olive
1 petit oignon, finement haché
1 gousse d'ail, finement hachée
40 g de riz basmati

1 cuil. à soupe de raisins secs
1 cuil. à soupe de pignons, grillés
1 cuil. à soupe de persil plat frais haché
400 g de tomates concassées en boîte
120 ml de vin blanc sec

25 g de tomates séchées au soleil dans l'huile, égouttées et finement concassées
sel et poivre
pain frais, en accompagnement

1 Détacher les tentacules du corps des encornets, émincer finement les tentacules et réserver. Frotter l'intérieur et l'extérieur du corps des encornets avec 1 cuillerée à café de sel et réserver.

2 Chauffer 1 cuillerée à soupe d'huile d'olive dans une poêle, ajouter l'oignon et l'ail, et faire fondre 4 à 5 minutes à feu doux, en remuant de temps en temps, jusqu'à ce qu'ils soient légèrement dorés. Ajouter les encornets et cuire 2 à 3 minutes. Ajouter le riz, les raisins, les pignons, le persil, le sel et le poivre, et retirer du feu.

3 Laisser tiédir la préparation, farcir les encornets du mélange aux trois quarts environ car le riz gonfle, en les fendant légèrement si nécessaire, et maintenir fermé à l'aide d'une pique à cocktail.

4 Chauffer l'huile restante dans une cocotte allant au four, ajouter les encornets et faire revenir quelques minutes, jusqu'à ce qu'ils soient légèrement dorés sur toutes leurs faces. Ajouter les tomates, les tomates séchées au soleil, le vin, le sel et le poivre, et cuire au four préchauffé, à 180 °C (th. 6), 45 minutes.

Servir très chaud ou froid accompagné de pain frais.

CONSEIL

On trouve le calmar sous différentes appellations selon les régions : encornet, chipiron, supion… Quels que soient leur nom et leur taille, prenez 225 g de calmars nettoyés pour la quantité de farce prévue dans cette recette.

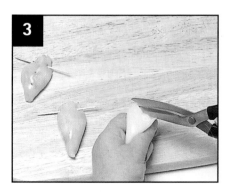

Tempura de friture

Le tempura est une classique pâte à frire japonaise à base d'œufs, de farine et d'eau. Cette pâte est très froide et grumeleuse, et donne à ce plat son apparence caractéristique. Ce plat doit être dégusté très chaud.

4 personnes

INGRÉDIENTS

450 g de petite friture, décongelée
   si nécessaire
100 g de farine
50 g de maïzena
½ cuil. à café de sel
200 ml d'eau froide
1 œuf

quelques glaçons
huile, pour la friture

MAYONNAISE AU PIMENT
   ET AU CITRON VERT
1 piment rouge frais, épépiné
   et finement haché

1 jaune d'œuf
1 cuil. à soupe de jus de citron vert
2 cuil. à soupe de coriandre fraîche
   hachée
200 ml d'huile d'olive légère
sel et poivre

1 Pour la mayonnaise, mettre les jaunes d'œufs, le jus de citron, le piment, la coriandre, le sel et le poivre dans un robot de cuisine et mixer jusqu'à ce que le mélange devienne mousseux. Moteur en marche, ajouter l'huile d'olive, goutte à goutte jusqu'à ce que la préparation épaississe puis en un mince filet continu. Rectifier l'assaisonnement, ajouter un peu d'eau chaude si la préparation est trop épaisse et réserver au réfrigérateur.

2 Laver, sécher et réserver la friture sur du papier absorbant. Dans une grande terrine, tamiser la farine, la maïzena et le sel. Fouetter l'eau, l'œuf et les glaçons, et verser sur la farine. Fouetter brièvement jusqu'à obtention d'un mélange liquide, mais non homogène.

3 Remplir au tiers d'huile une friteuse et chauffer à 190 °C, un dé de pain doit y dorer en 30 secondes.

4 Plonger la petite friture dans la pâte, en plusieurs fois, faire frire dans l'huile bouillante 1 minute, jusqu'à ce que les beignets soient croustillants mais sans laisser dorer, et égoutter sur du papier absorbant. Répéter l'opération pour cuire toute la friture. Servir très chaud avec la mayonnaise au piment et au citron vert.

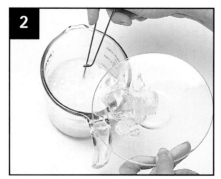

Rillettes de maquereau fumé

Ces rillettes faciles et rapides à préparer ont une multitude de saveurs. Cette recette est originaire de Goa, sur la côte ouest de l'Inde, une région réputée pour ses fruits de mer.

4 personnes

INGRÉDIENTS

200 g de filet de maquereau fumé

1 petit piment vert très fort, épépiné et haché

1 gousse d'ail, hachée

3 cuil. à soupe de feuilles de coriandre fraîche

150 ml de crème aigre

1 petit oignon rouge, haché

2 cuil. à soupe de jus de citron vert

sel et poivre

4 tranches de pain blanc, sans la croûte

1 Enlever la peau du filet de maquereau et émietter la chair, en retirant les arêtes. Mettre la chair dans le bol mélangeur d'un robot de cuisine avec le piment, l'ail, la coriandre et la crème aigre, et mixer jusqu'à obtention d'une consistance homogène.

2 Verser la préparation dans une terrine, incorporer l'oignon et le jus de citron, saler et poivrer. Les rillettes, molles à ce stade, deviendront plus fermes après plusieurs heures au frais. Réserver au réfrigérateur plusieurs heures, une nuit entière si possible.

3 Pour les toasts, passer les tranches de pain au gril préchauffé à température moyenne, jusqu'à ce que les deux faces soient dorées. Couper le pain en deux dans l'épaisseur, puis en diagonale pour obtenir 4 triangles par tranches.

4 Passer les triangles au gril, face non grillé au-dessus, faire dorer jusqu'à ce que les bords commencent à s'enrouler et servir tiède ou froid avec les rillettes de maquereau fumé.

CONSEIL

Ces rillettes sont tout aussi excellentes accompagnées de crudités.

Salade de haddock

Le haddock se marie bien avec les œufs. Il est dans cette recette associé avec des œufs de caille et nappé d'une sauce à l'ail crémeuse.

4 personnes

INGRÉDIENTS

350 g de filet de haddock fumé
4 cuil. à soupe d'huile d'olive
1 cuil. à soupe de jus de citron
2 cuil. à soupe de crème aigre
1 cuil. à soupe d'eau bouillante

2 cuil. à soupe de ciboulette fraîche hachée
1 tomate olivette, mondée, épépinée et coupée en dés
8 œufs de caille

4 tranches épaisses de pain aux céréales
115 g de mesclun
ciboulette, en garniture
sel et poivre

1 Remplir une grande poêle d'eau, porter à ébullition et ajouter le filet de haddock. Couvrir, retirer du feu et réserver 10 minutes, jusqu'à ce que le poisson soit tendre. Retirer le poisson de l'eau, égoutter et laisser refroidir. Émietter la chair en enlevant les arêtes, réserver le poisson et jeter l'eau de cuisson.

2 Battre l'huile d'olive, le jus de citron, la crème aigre, l'eau bouillante, la ciboulette, le sel et le poivre dans une terrine, incorporer la tomate et réserver.

3 Porter une petite casserole d'eau à ébullition, plonger délicatement les œufs de caille dans l'eau et cuire 3 à 4 minutes à partir du moment où l'eau recommence à bouillir (3 minutes pour un jaune plus moelleux, 4 pour un jaune plus ferme). Égoutter immédiatement, rafraîchir à l'eau courante et écaler délicatement les œufs. Couper en deux dans la hauteur et réserver.

4 Faire griller le pain, découper chaque tranche en diagonale pour obtenir 4 triangles et disposer

2 moitiés de pain par assiette. Garnir de mesclun, du poisson émietté et des œufs de caille, napper de sauce et parsemer de ciboulette.

CONSEIL

Lorsque vous achetez du haddock, ou tout autre poisson fumé, préférez un poisson sans colorant, garantie de qualité supérieure.

Galettes de poisson thaïes
à la sauce aigre-douce pimentée

Pour la sauce aigre-douce, vous pouvez utiliser de petits piments également appelés piments oiseau.
Très relevés, vous pouvez en ôter les graines pour les adoucir.

4 personnes

INGRÉDIENTS

450 g de filets de poisson blanc à chair
    ferme (colin ou cabillaud),
    sans la peau et grossièrement hachés
1 cuil. à soupe de sauce de poisson
    thaïe
1 cuil. à soupe de pâte de curry rouge
    (*voir* page 102)
1 feuille de lime kafir, finement ciselée

2 cuil. à soupe de coriandre fraîche
    hachée
1 œuf
1 cuil. à café de sucre roux
1 pincée de sel
40 g de haricots verts, finement
    émincés en biais
huile, pour la friture

SAUCE AIGRE-DOUCE
4 cuil. à soupe de sucre
1 cuil. à soupe d'eau froide
3 cuil. à soupe de vinaigre de riz blanc
2 petits piments rouges très forts,
    finement hachés
1 cuil. à soupe de sauce de poisson
    thaïe

1 Pour les galettes, mettre
les filets de poisson, la sauce
de poisson, la pâte de curry rouge,
la feuille de lime, la coriandre, l'œuf,
le sucre et le sel dans le bol mélangeur
d'un robot de cuisine, mixer jusqu'à
obtenir une consistance homogène
et transférer dans une terrine.
Incorporer les haricots verts et réserver.

2 Pour la sauce, mettre le sucre,
l'eau et le vinaigre de riz dans

une petite casserole, chauffer à feu
doux, jusqu'à dissolution du sucre,
et porter à ébullition. Laisser mijoter
2 minutes, retirer du feu et incorporer
les piments hachés et la sauce
de poisson. Laisser refroidir.

3 Recouvrir le fond d'une poêle
d'huile et chauffer. Diviser
la préparation au poisson en
16 boulettes, aplatir en forme de galette
et faire dorer dans l'huile bouillante,

1 à 2 minutes de chaque côté. Égoutter
sur du papier absorbant et servir chaud
avec la sauce.

CONSEIL
Vous n'avez pas besoin
d'acheter les meilleurs
morceaux de poisson car
les autres saveurs sont très
prononcées. Prenez les
morceaux les moins chers.

Galettes de crabe du Maryland, sauce au basilic et à la tomate

Ces galettes sont riches en chair de crabe, tout en restant légères. Vous pouvez les proposer avec une sauce chaude au basilic et à la tomate mais elles seront tout aussi délicieuses accompagnées d'une mayonnaise.

4 personnes

INGRÉDIENTS

225 g de pommes de terre, épluchées
   et coupées en cubes
450 g de crabe cuit, chair brune et
   blanche, décongelé si nécessaire
6 oignons verts, finement hachés
1 petit piment rouge frais, épépiné
   et finement haché

3 cuil. à soupe de mayonnaise
2 cuil. à soupe de farine
1 œuf, légèrement battu
115 g de chapelure blanche
huile, pour la friture
sel et poivre
tranches de citron et aneth, en garniture

SAUCE
5 cuil. à soupe d'huile d'olive
1 cuil. à soupe de jus de citron
1 grosse tomate mûre, mondée,
   épépinée et coupée en dés
3 cuil. à soupe de basilic frais haché
sel et poivre

1 Cuire les pommes de terre à l'eau bouillante salée 15 à 20 minutes, jusqu'à ce qu'elles soient tendres, bien égoutter et réduire en purée.

2 Dans une grande terrine, mélanger la chair de crabe, les oignons, les piments et la mayonnaise, ajouter la purée de pommes de terre, le sel et le poivre, et bien mélanger. Diviser la préparation en 8 portions, abaisser et façonner 8 galettes.

3 Mettre la farine, l'œuf et la chapelure dans 3 assiettes, enrober les galettes de farine, d'œuf et de chapelure, et réserver 30 minutes au réfrigérateur.

4 Recouvrir d'huile le fond d'une sauteuse et chauffer. Cuire les galettes, en plusieurs fois si nécessaire, 3 à 4 minutes de chaque côté, jusqu'à ce qu'elles soient dorées et croustillantes, égoutter sur du papier absorbant et réserver au chaud.

5 Chauffer l'huile, le jus de citron et la tomate 2 à 3 minutes à feu doux, dans une petite casserole, retirer du feu et ajouter le basilic. Saler et poivrer.

6 Répartir les galettes dans 4 assiettes chaudes, napper de sauce et garnir de rondelles de citron et d'aneth. Servir immédiatement.

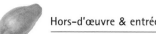

Saumon fumé au citron vert et au basilic

Il est important d'utiliser du saumon frais pour ce plat. Le sel et le sucre absorbent l'humidité du poisson ; le saumon est seulement cuit par la marinade et gorgé de saveurs.

6 personnes

INGRÉDIENTS

900 g de filet de saumon très frais,
   pris près de la tête, sans la peau
50 g de sucre
50 g de gros sel
5 cuil. à soupe de basilic frais haché
zeste finement râpé de 2 citrons verts
1 cuil. à soupe de grains de poivre blanc
   grossièrement concassés

SAUCE
200 ml de vinaigre de riz
5 cuil. à soupe de sucre
zeste finement râpé d'un citron vert
1/2 cuil. à café de moutarde anglaise
3 cuil. à soupe de basilic frais haché
1 cuil. à soupe de gingembre japonais
   en saumure, finement émincé

150 g de mesclun, en accompagnement

GARNITURE
quartiers de citron vert
feuilles de basilic

1 Retirer les arêtes du saumon, laver et sécher le poisson. Mettre le saumon dans une grande terrine non métallique, saupoudrer de sucre, de gros sel et parsemer de grains de poivre, de basilic et de zeste de citron vert. Couvrir et réserver 24 à 48 heures au frais, en retournant le poisson de temps en temps.

2 Pour la sauce, mélanger le vinaigre de riz et le sucre dans une petite casserole, chauffer à feu doux, jusqu'à dissolution du sucre, et porter à ébullition. Laisser mijoter 5 à 6 minutes, jusqu'à ce que le liquide ait réduit d'un tiers, retirer du feu et ajouter le zeste de citron vert et la moutarde. Réserver.

3 Retirer le saumon de la marinade, enlever l'excédent de liquide avec du papier absorbant et émincer très finement le poisson.

4 Au moment de servir, ajouter le basilic et le gingembre hachés dans la sauce. Mélanger le mesclun avec une petite quantité de sauce et disposer dans 6 assiettes. Répartir le saumon sur les assiettes, napper d'un peu de sauce et garnir de quartiers de citron vert et de feuilles de basilic.

Omelette au saumon fumé à chaud

*Contrairement au saumon fumé habituel, ce poisson est cuit lors du processus de fumage
de sorte que la chair cuit de manière traditionnelle mais possède un délicieux goût fumé.*

4 personnes

INGRÉDIENTS

50 g de beurre
8 œufs, légèrement battus
4 cuil. à soupe de crème fraîche épaisse
225 g de saumon fumé à chaud, peau
  et arêtes enlevées et émietté

sel et poivre
2 cuil. à soupe de mélange de fines
  herbes hachées (persil, ciboulette,
  basilic par exemple)
beurre, pour tartiner

4 muffins anglais, coupés en deux
  dans l'épaisseur
ciboulette fraîche hachée, en garniture
quartiers de citron, en accompagnement

1 Faire fondre le beurre dans
une grande poêle, lorsqu'il
commence à mousser, ajouter
les œufs et laisser prendre un instant.
Remuer délicatement et soulever les
œufs cuits pour faire couler les œufs
crus sur le fond de la poêle. Attendre
un peu et répéter l'opération.

2 Avant que l'omelette soit
complètement prise, ajouter
la crème fraîche, le saumon émietté
et les fines herbes hachées, et bien
mélanger. Éviter de faire trop cuire
l'omelette.

3 Faire griller les muffins ouverts
sur leurs deux faces, tartiner
éventuellement avec un peu de beurre
et disposer 2 demi-muffins par
assiette.

4 Une fois les œufs cuits, répartir
sur les muffins, parsemer
de quelques brins de ciboulette
hachée, saler et poivrer. Servir encore
chaud, garni d'un quartier de citron.

VARIANTE

*Si vous avez du mal à trouver
du saumon fumé à chaud, remplacez-le
par du saumon fumé classique que vous
hacherez au lieu de l'émietter.*

Saumon fumé au gril

*Pour cette recette, il est plus facile d'utiliser du saumon fumé en tranches,
plutôt que d'émincer soi-même la chair fraîche du saumon.*

4 personnes

INGRÉDIENTS

350 g de tranches de saumon fumé
1 cuil. à café de moutarde de Dijon
1 gousse d'ail, hachée

2 cuil. à café d'aneth frais haché
2 cuil. à café de vinaigre de xérès
4 cuil. à soupe d'huile d'olive

sel et poivre
115 g de mesclun, en accompagnement

1 Replier les tranches de saumon deux fois en accordéon pour leur donner la forme de petits paquets.

2 Battre l'ail, l'aneth, le vinaigre, le sel et le poivre dans une terrine, incorporer petit à petit l'huile d'olive, jusqu'à obtention d'une émulsion légère, et réserver.

3 Chauffer un gril en fonte à fond rainuré, jusqu'à ce qu'il fume, et cuire les paquets de saumon sur une face, 2 à 3 minutes pour les réchauffer et imprimer la marque du gril.

4 Mélanger le mesclun et une partie de la vinaigrette, et répartir dans 4 assiettes. Disposer le saumon fumé chaud sur la salade, côté cuit vers le haut, et arroser le poisson avec la vinaigrette restante.

CONSEIL

*Le saumon fumé étant assez onéreux,
vous pouvez parfaitement réaliser
cette recette avec de la truite fumée.*

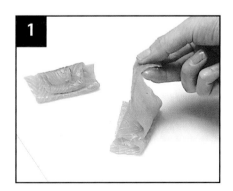

Tartare de saumon

Il est important d'utiliser le poisson le plus frais possible. Le poisson n'est pas cuit, mais mariné dans du jus de citron jaune et vert ce qui lui donne la même apparence et consistance que si il était cuit.

6 personnes

INGRÉDIENTS

900 g de saumon très frais, sans la peau
3 cuil. à soupe de jus de citron
3 cuil. à soupe de jus de citron vert
2 cuil. à café de sucre
1 cuil. à café de moutarde de Dijon
1 cuil. à soupe d'aneth frais haché

1 cuil. à soupe de basilic frais haché
2 cuil. à soupe d'huile d'olive
50 g de roquette
1 poignée de feuilles de basilic
50 g de mesclun
sel et poivre

GARNITURE
brins d'aneth
feuilles de basilic

1 Couper le saumon en dés très fins, saler et poivrer. Mettre dans une grande terrine non métallique.

2 Mélanger le jus des citrons jaune et vert, le sucre, la moutarde, l'aneth, le basilic et l'huile d'olive, verser sur le saumon et bien mélanger. Réserver 15 à 20 minutes, jusqu'à ce que le poisson devienne opaque.

3 Mélanger la roquette, les feuilles de basilic et le mesclun, et répartir dans 4 assiettes.

4 Pour servir le saumon, tasser la préparation dans des ramequins avant de les retourner sur la salade, au centre des assiettes, et garnir de brins d'aneth et de feuilles de basilic.

VARIANTE

L'églefin se prête bien à cette recette. Divisez par deux la quantité de saumon et mélangez-la à la même quantité d'églefin.

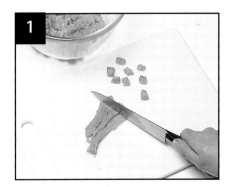

Saumon gravlax

Pour réaliser ce plat vous aurez besoin de deux filets de saumon de même grosseur.
Demandez à votre poissonnier de retirer les arêtes et d'écailler le poisson.

6 personnes

INGRÉDIENTS

2 filets de 450 g de saumon,
    avec la peau
6 cuil. à soupe d'aneth frais
    grossièrement haché
115 g de gros sel

1 cuil. à soupe de grains de poivre,
    grossièrement concassés
12 tranches de pain complet, beurrés,
    en accompagnement
50 g de sucre

GARNITURE
rondelles de citron
brins d'aneth frais

1 Laver les filets de saumon, sécher avec du papier absorbant et mettre un filet, côté peau vers le bas, dans une terrine non métallique.

2 Mélanger dans une terrine l'aneth, le gros sel, le sucre et les grains de poivre, étaler cette préparation sur le filet de poisson et recouvrir du deuxième filet, côté peau vers le haut. Poser une assiette avec un poids (3 ou 4 boîtes de conserve par exemple) sur le poisson.

3 Réfrigérer 2 jours, en retournant le poisson toutes les 12 heures et en le badigeonnant des sucs qui s'écoulent.

4 Retirer le saumon de la marinade et émincer finement dans l'épaisseur, comme pour un saumon fumé, à l'aide d'un couteau à dents, sans couper la peau. Couper le pain en triangles et servir avec le saumon. Garnir de rondelles de citron et de brins d'aneth.

CONSEIL

Vous pouvez retirer la marinade qui recouvre le saumon avant de le découper. Toutefois, la ligne verte qui borde le saumon est décorative et, bien sûr, riche en saveurs.

Omelette de crabe à la thaïlandaise

Ne soyez pas impressionné par la longue liste des ingrédients.
L'omelette se sert froide et peut donc être préparée à n'importe quel moment.

4 personnes

INGRÉDIENTS

225 g de chair de crabe blanche, fraîche ou décongelée

3 oignons verts, finement hachés

1 cuil. à soupe de coriandre fraîche hachée

1 cuil. à soupe de ciboulette fraîche hachée

1 pincée de poivre de Cayenne

2 cuil. à soupe d'huile

2 gousses d'ail, hachées

1 cuil. à café de gingembre frais râpé

1 piment rouge, épépiné et finement haché

2 cuil. à soupe de jus de citron vert

2 feuilles de lime, ciselées

2 cuil. à café de sucre

2 cuil. à café de sauce de poisson thaïe

3 œufs

4 cuil. à soupe de crème de coco

1 cuil. à café de sel

oignons verts, émincés, en garniture

1 Mettre la chair de crabe dans une terrine en enlevant tout débris et ajouter les oignons verts, la coriandre, la ciboulette et le poivre de Cayenne.

2 Faire revenir l'ail, le gingembre et le piment, 30 secondes dans 1 cuillerée à soupe d'huile, ajouter le jus de citron vert et les feuilles de lime, le sucre et la sauce de poisson, et laisser mijoter 3 à 4 minutes jusqu'à réduction. Retirer du feu, laisser refroidir et mélanger avec le crabe. Réserver.

3 Battre légèrement les œufs avec la crème de coco et le sel. Chauffer le reste d'huile dans une poêle à feu moyen, ajouter la préparation aux œufs et, à mesure que le fond prend, soulever délicatement les bords en les ramenant vers le centre, pour que l'œuf encore cru coule sur le fond de la poêle.

4 Lorsque l'omelette est presque cuite, verser la préparation au crabe au centre, cuire encore 1 à 2 minutes et retourner l'omelette

sur un plat de service. Laisser refroidir, mettre au réfrigérateur 2 à 3 heures, une nuit entière si possible, et couper en quatre. Garnir d'oignons verts émincés et servir.

CONSEIL

Vous pouvez tout aussi bien servir cette omelette chaude.
Après avoir ajouté le crabe,
réchauffez 3 à 4 minutes
et servez immédiatement.

Soupes & plats principaux

Le poisson est un aliment idéal. Il cuit vite et convient donc parfaitement à un dîner de semaine ; il s'associe à toutes sortes de saveurs et peut ainsi être l'ingrédient de soupes comme de plats principaux.

Vous trouverez dans ce chapitre des plats d'origines diverses et, même si les recettes proposées comportent des ingrédients inhabituels, ne vous inquiétez pas, vous les trouverez assez facilement dans le commerce. Soupe de poisson à la thaïlandaise, laksa de fruits de mers malais, soupe chinoise au crabe et au maïs, illustrent la diversité des recettes. Certaines soupes ont une saveur subtile qui en font l'entrée idéale de dîners de fête : c'est le cas du velouté de noix de Saint-Jacques.

D'autres, plus copieuses, constituent d'excellents plats principaux, notamment le Cullen skink (spécialité écossaise). Vous pourrez également choisir parmi des marmites et des currys. Curry rouge de crevettes ou curry de lotte à la goanaise, cotriade ou marmite de poisson à l'espagnole : à vous de choisir !

Soupe de poisson à la thaïlandaise

Cette savoureuse soupe est aussi connue sous le nom de Tom Yam Gung.
Vous pouvez trouver la sauce tom yam déjà préparée dans les épiceries asiatiques.

4 personnes

INGRÉDIENTS

450 ml de bouillon de poulet, dégraissé
2 feuilles de lime, hachées
1 tige de lemon-grass de 5 cm, hachée
3 cuil. à soupe de jus de citron
3 cuil. à soupe de sauce de poisson
   thaïe
2 petits piments verts forts, épépinés
   et finement hachés
1/2 cuil. à café de sucre

8 petits shiitake ou 8 champignons
   de paille, coupés en deux
450 g de crevettes roses crues,
   décortiquées et déveinées
oignons verts, en garniture

SAUCE TOM YAM
4 cuil. à soupe d'huile
5 gousses d'ail, finement hachées

2 gros piments forts rouges séchés,
   grossièrement hachés
1 grosse échalote, finement hachée
1 cuil. à soupe de crevettes séchées
   (facultatif)
1 cuil. à soupe de sauce de poisson
   thaïe
2 cuil. à café de sucre

1 Pour la sauce, chauffer l'huile dans une petite casserole, ajouter l'ail et faire dorer quelques secondes. Retirer à l'aide d'une écumoire et réserver. Ajouter l'échalote dans la même huile, faire revenir jusqu'à ce qu'elle soit dorée et croustillante, et retirer de la casserole à l'aide d'une écumoire. Réserver. Faire brunir les piments, égoutter sur du papier absorbant et retirer la casserole du feu. Réserver l'huile.

2 Dans un robot de cuisine ou un moulin à épices, moudre éventuellement les crevettes séchées, ajouter les piments, l'ail et l'échalote réservés, et mixer jusqu'à obtention d'une pâte homogène. Remettre la casserole avec l'huile à feu doux, ajouter la pâte de crevettes et réchauffer. Ajouter la sauce de poisson et le sucre, mélanger et retirer du feu.

3 Dans une grande casserole, chauffer le bouillon et 2 cuillerées à soupe de sauce tom yam, ajouter les feuilles de lime, le lemon-grass, le jus de citron, la sauce de poisson, les piments et le sucre, et laisser mijoter à feu doux 2 minutes.

4 Ajouter les champignons et les crevettes, cuire 2 à 3 minutes et verser dans des bols chauds. Servir la soupe immédiatement, garnie d'oignons verts.

« *Cullen Skink* »

C'est une soupe traditionnelle crémeuse d'origine écossaise. Comme la chair fumée du haddock est très parfumée on l'a adoucie en y ajoutant du cabillaud.

4 personnes

INGRÉDIENTS

225 g de filet de haddock, sans colorant
2 cuil. à soupe de beurre
1 oignon, finement haché
600 ml de lait
350 g de pommes de terre, coupées
  en dés

350 g de cabillaud, peau
  et arêtes enlevées, coupé en dés
150 ml de crème fraîche épaisse
2 cuil. à soupe de persil frais haché
jus de citron, selon son goût
sel et poivre

GARNITURE
tranches de citron
brins de persil

1 Mettre les filets de haddock dans une grande sauteuse, recouvrir d'eau bouillante et réserver 10 minutes. Égoutter et réserver 300 ml de l'eau de trempage. Émietter le poisson et enlever les arêtes.

2 Chauffer le beurre dans une grande casserole, ajouter l'oignon et cuire 10 minutes à feu doux, jusqu'à ce qu'il soit fondant. Ajouter le lait, laisser mijoter, ajouter les pommes de terre et cuire 10 minutes.

3 Ajouter le haddock émietté et le cabillaud, et cuire 10 minutes, jusqu'à ce que le cabillaud soit tendre.

4 Retirer un tiers du poisson et des pommes de terre, mixer dans un robot de cuisine jusqu'à obtention d'une consistance homogène, ou passer au chinois et réduire en purée dans une terrine. Incorporer à la soupe avec la crème et le persil, saler et poivrer. Ajouter éventuellement du jus de citron et du liquide réservé si la soupe est trop épaisse, réchauffer à feu doux et servir.

CONSEIL

Cette recette est originaire d'Écosse. Si vous n'appréciez pas la saveur fumée du haddock, remplacez-le par de l'églefin qui est en fait le même poisson, non fumé.

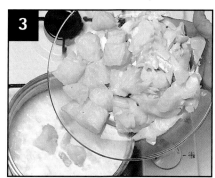

Chaudrée de clams

Une chaudrée est une soupe épaisse dont les ingrédients principaux, lait et pommes de terre, sont agrémentés d'autres saveurs. Cette version classique est aromatisée avec des clams.

4 personnes

INGRÉDIENTS

900 g de clams frais

4 tranches de lard fumé découennées, hachées

25 g de beurre

1 oignon, haché

1 cuil. à soupe de thym frais haché

1 grosse pomme de terre, coupée en dés

300 ml de lait

1 feuille de laurier

150 ml de crème fraîche épaisse

1 cuil. à soupe de persil frais haché

sel et poivre

8 clams dans leur coquille, en garniture (*voir* « conseil »)

1 Brosser les clams, mettre dans un fait-tout avec une petite quantité d'eau et cuire 3 à 4 minutes à feu vif, jusqu'à ce que tous les clams soient ouverts. Jeter ceux qui restent fermés. Filtrer, réserver le jus de cuisson et laisser refroidir.

2 Décoquiller les clams, hacher grossièrement les plus gros et réserver.

3 Dans une casserole, faire revenir le lard jusqu'à ce qu'il soit doré et croustillant, égoutter sur du papier absorbant et réserver. Ajouter

le beurre dans la casserole et, lorsqu'il a fondu, faire fondre l'oignon 4 à 5 minutes, sans laisser dorer. Ajouter le thym, cuire brièvement et ajouter les pommes de terre, le jus de cuisson des clams, le lait et la feuille de laurier. Porter à ébullition et laisser mijoter 10 minutes, jusqu'à ce que les pommes de terre soient tendres.

4 Transférer dans un robot de cuisine et mixer jusqu'à obtention d'une consistance homogène ou passer au chinois, et réduire en purée dans une terrine.

5 Remettre dans le fait-tout, ajouter les clams, le lard et la crème, et laisser mijoter à feu doux 2 à 3 minutes. Saler, poivrer selon son goût, garnir de persil haché et servir.

CONSEIL

Si vous voulez soigner la présentation, réservez 8 clams cuits dans leur coquille. Mettez-en 2 par assiette à soupe.

Laksa de fruits de mer malais

Dans beaucoup de plats orientaux, la liste des ingrédients est longue mais demande peu de préparation.

4 personnes

INGRÉDIENTS

8 crevettes tigrées crues
1 petit calmar de 115 g, nettoyé
4 cuil. à soupe d'huile
900 ml de bouillon de poulet, dégraissé
225 g de nouilles moyennes
  aux œufs frais
115 g de germes de soja
400 ml de lait de coco en boîte
2 cuil. à café de sucre de canne
1 cuil. à café de sel

PÂTE LAKSA ÉPICÉE
3 gros piments rouges déshydratés
25 g de crevettes séchées (facultatif)
2 tiges de lemon-grass, hachées
25 g de noix de macadamia
2 gousses d'ail, hachées
2 cuil. à café de gingembre frais haché
1 cuil. à café de curcuma
1 cuil. à café de coriandre en poudre
3 cuil. à soupe d'eau
1 petit oignon, haché

GARNITURE
55 g de concombre, en julienne
1 cuil. à soupe de coriandre fraîche
  hachée
1 cuil. à soupe de menthe fraîche
  hachée
4 oignons verts, finement émincés
1 piment rouge, émincé en anneaux
1 citron vert, coupé en quartiers

1 Pour la pâte épicée, mettre les piments dans une terrine, recouvrir d'eau bouillante et faire tremper 10 minutes, jusqu'à ce qu'ils soient tendres. Égoutter, épépiner éventuellement les piments et mixer dans un robot de cuisine, avec les autres ingrédients de la pâte épicée, jusqu'à obtention d'une consistance homogène. Réserver.

2 À l'aide d'un couteau tranchant fendre le calmar d'un côté et l'ouvrir à plat. Décortiquer les gambas, déveiner éventuellement, et pratiquer des incisions en biais sur le dessous, pour attendrir la chair. Découper la chair en carrés de 2,5 cm.

3 Chauffer l'huile dans une casserole et faire revenir la pâte d'épices 5 à 6 minutes à feu doux. Mouiller avec le bouillon, porter à ébullition et couvrir. Laisser mijoter 20 minutes à feu doux.

4 Cuire les nouilles selon les instructions figurant sur le paquet, bien égoutter et réserver. Blanchir les germes de soja 1 minute, rafraîchir à l'eau courante et égoutter. Réserver avec les nouilles.

5 Ajouter le lait de coco au bouillon, cuire 3 minutes et ajouter les crevettes, le calmar, le sucre et le sel. Laisser mijoter 4 minutes, jusqu'à ce que les fruits de mer soient tendres.

6 Répartir les nouilles et les germes de soja sur 4 assiettes à soupe, verser la soupe bouillante et garnir de concombre, de coriandre, de menthe, d'oignons verts, de piment rouge et de quartiers de citron séparément dans des bols. Servir immédiatement.

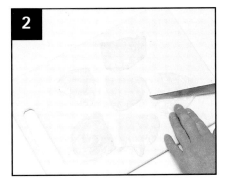

Soupe chinoise au crabe et au maïs

Cette recette est une adaptation d'une classique soupe chinoise à base de poulet et de maïs, mais la saveur délicate du crabe fonctionne très bien.

4 personnes

INGRÉDIENTS

1 cuil. à soupe d'huile

1 petit oignon, finement haché

1 gousse d'ail, finement hachée

1 cuil. à café de gingembre frais râpée

1 petit piment rouge frais, épépiné et finement haché

2 cuil. à soupe de xérès sec

225 g de chair blanche de crabe fraîche

325 g de maïs en boîte, égoutté

1 cuil. à soupe de sauce de soja claire

2 cuil. à soupe de coriandre fraîche hachée

600 ml de bouillon de poulet, dégraissé

2 œufs, battus

sel et poivre

fleurs de piments, en garniture

1 Chauffer l'huile dans une grande casserole, ajouter l'oignon, et faire fondre 5 minutes à feu doux, en remuant de temps en temps. Ajouter l'ail, le gingembre et le piment, et cuire 1 minute.

2 Ajouter le xérès et cuire à feu moyen, jusqu'à réduction de moitié. Ajouter la chair de crabe, le maïs, le bouillon de poulet et la sauce de soja, porter à ébullition et laisser mijoter 5 minutes à feu doux. Ajouter la coriandre, saler et poivrer.

3 Retirer la casserole du feu et incorporer les œufs. Attendre quelques secondes et remuer pour défaire les œufs. Servir la soupe immédiatement, garnie de fleurs de piments.

CONSEIL

Par souci de commodité, prenez de la chair de crabe en boîte. Veillez à bien l'égoutter avant de l'ajouter à la soupe.

Velouté de noix de Saint-Jacques

C'est une soupe délicatement aromatisée qui, comme les fruits de mer, ne doit pas être trop cuite.
Parsemez-la de persil juste avant de servir pour contraster avec la couleur de la soupe.

4 personnes

INGRÉDIENTS

4 cuil. à soupe de beurre

1 oignon, finement haché

450 g de pommes de terre,
   coupées en dés

300 ml de lait

600 ml de fumet de poisson, très chaud

350 g de noix de Saint-Jacques parées,
   avec le corail si possible

2 jaunes d'œufs

6 cuil. à soupe de crème fraîche épaisse

sel et poivre

1 cuil. à soupe de persil frais haché,
   en garniture

1 Faire fondre le beurre à feu doux dans une casserole, ajouter l'oignon et faire fondre 10 minutes à feu très doux, sans laisser dorer. Ajouter les pommes de terre, saler et poivrer. Couvrir et cuire 10 minutes à feu très doux.

2 Mouiller avec le fumet de poisson, porter à ébullition et laisser mijoter 10 à 15 minutes, jusqu'à ce que les pommes de terre soient tendres.

3 Pour les noix de Saint-Jacques, hacher grossièrement le corail et réserver. Hacher grossièrement

la chair blanche, mettre dans une seconde casserole avec le lait et porter à frémissement. Laisser frémir 6 à 8 minutes, jusqu'à ce que les noix de Saint-Jacques soient juste tendres.

4 Une fois les pommes de terre cuites, transférer, avec leur jus de cuisson, dans un robot de cuisine et mixer, ou passer au chinois et réduire en purée dans une terrine, en pressant avec le dos d'une cuillère en bois. Remettre la préparation dans une casserole et ajouter les noix de Saint-Jacques, le lait et, éventuellement, le corail haché.

5 Battre les jaunes d'œufs et la crème fraîche, incorporer à la soupe hors du feu et réchauffer à feu très doux, sans cesser de remuer, jusqu'à léger épaississement. Ne pas laisser bouillir, sinon la soupe caillera. Parsemer de persil frais et servir la soupe immédiatement.

CONSEIL

Préparez cette soupe à l'avance.
Arrêtez-vous après l'étape 4.
N'ajoutez les œufs et la crème
qu'au moment de servir.

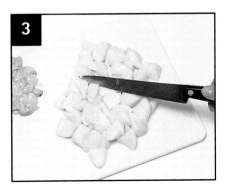

Soupe de moules au curry

Cette soupe est surprenante et délicieusement assaisonnée.
La saveur des épices s'associe à merveille avec les moules.

4 personnes

INGRÉDIENTS

$^1/_2$ cuil. à café de graines de coriandre
$^1/_2$ cuil. à café de graines de cumin
900 g de moules fraîches
100 ml de vin blanc
50 g de beurre
1 oignon, finement haché

1 gousse d'ail, finement hachée
1 cuil. à café de gingembre frais râpé
1 cuil. à café de curcuma
1 pincée de poivre de Cayenne
600 ml de fumet de poisson
4 cuil. à soupe de crème fraîche épaisse

25 g de beurre, en pommade
25 g de farine
2 cuil. à soupe de coriandre fraîche
  hachée, en garniture
sel et poivre

1 Faire revenir les graines de coriandre et de cumin à sec dans une poêle, jusqu'à ce que les arômes s'exhalent et qu'elles commencent à éclater, piler dans un mortier et réserver.

2 Nettoyer les moules en les grattant et en les ébarbant. Jeter toutes celles dont la coquille est cassée ou qui restent ouvertes quand on les manipule. Mettre les moules dans une grande casserole avec le vin, couvrir et cuire 3 à 4 minutes à feu vif, en secouant la casserole de temps en temps, jusqu'à ce que toutes les moules soient ouvertes. Jeter celles qui restent fermées. Égoutter, réserver le jus de cuisson et laisser refroidir. Décoquiller environ un tiers des moules et réserver. Filtrer le jus de cuisson des moules dans une passoire chemisée d'une mousseline.

3 Chauffer 2 cuillerées à soupe de beurre dans une grande casserole, ajouter l'oignon et faire fondre 4 à 5 minutes à feu doux, sans laisser dorer. Ajouter l'ail et le gingembre, cuire 1 minute et ajouter les épices grillées, le curcuma et le poivre de Cayenne.

Faire revenir 1 minute, mouiller avec le fumet de poisson et le jus de cuisson des moules réservé, et incorporer la crème. Laisser mijoter 10 minutes.

4 Battre le beurre restant en crème avec la farine, jusqu'à obtention d'une pâte épaisse, ajouter cette pâte à la soupe et remuer jusqu'à ce qu'elle soit bien incorporée. Laisser mijoter jusqu'à ce que la soupe ait légèrement épaissi, ajouter les moules et réchauffer 2 minutes. Garnir de coriandre fraîche hachée et servir.

Soupe aux clams et à l'oseille

Cette recette est conçue pour être consommée en petite quantité,
car cette soupe aux saveurs multiples est très consistante.

4 personnes

INGRÉDIENTS

900 g de clams frais, grattés.
1 oignon, finement haché
150 ml de vin blanc sec
50 g de beurre
1 petite carotte, coupée en dés

2 échalotes, coupées en dés
1 branche de céleri, coupée en dés
2 feuilles de laurier
150 ml de crème fraîche épaisse
25 g d'oseille, ciselée

poivre
pain frais, en accompagnement
aneth, en garniture

1 Mettre les clams dans une grande casserole avec l'oignon et le vin, couvrir et cuire 3 à 4 minutes à feu vif, jusqu'à ce que tous les clams soient ouverts. Filtrer et réserver le jus de cuisson. Jeter l'oignon, réserver les clams et laisser refroidir. Filtrer le jus de cuisson à travers une passoire chemisée d'une mousseline.

2 Dans une casserole, faire fondre le beurre à feu doux, ajouter la carotte, les échalotes et le céleri, et cuire 10 minutes à feu doux, en remuant de temps en temps, jusqu'à ce que les légumes soient tendres, sans laisser dorer. Ajouter le jus de cuisson réservé et les feuilles de laurier, et laisser mijoter encore 10 minutes.

3 Hacher grossièrement les gros clams, ajouter à la soupe avec la crème et l'oseille, et laisser mijoter 2 à 3 minutes, jusqu'à ce que l'oseille ait fondu. Saler, poivrer et servir la soupe garnie d'aneth et accompagnée de pain frais.

CONSEIL

L'oseille est une plante à la saveur légèrement aigre et citronnée.
Elle se marie très bien avec le poisson. Disponible dans la plupart des supermarchés, elle est toutefois facile à cultiver dans votre potager !

Marmite de thon basquaise

*Différentes versions de cette marmite sont dégustées à travers toute l'Espagne,
la recette originale est originaire du nord de la région basque.*

4 personnes

INGRÉDIENTS

5 cuil. à soupe d'huile d'olive

1 gros oignon, haché

2 gousses d'ail, hachées

200 g de tomates concassées en boîte

700 g de pommes de terre, coupées
en cubes de 5 cm

3 poivrons verts, épépinés
et grossièrement hachés

300 ml d'eau froide

900 g de thon frais, coupé en cubes

4 tranches de pain blanc frais

sel et poivre

1 Chauffer 2 cuillerées à soupe d'huile dans un fait-tout, ajouter l'oignon et cuire 8 à 10 minutes à feu moyen, jusqu'à ce qu'il soit doré et fondant. Ajouter l'ail et cuire 1 minute. Ajouter les tomates, couvrir et laisser mijoter 30 minutes, jusqu'à épaississement.

2 Dans une casserole, mélanger les pommes de terre et les poivrons, ajouter l'eau pour qu'elle recouvre les légumes et porter à ébullition. Réduire le feu et cuire environ 15 minutes, jusqu'à ce que

les pommes de terre soient juste tendres.

3 Ajouter le thon et la préparation aux tomates aux pommes de terre et aux poivrons, saler et poivrer selon son goût. Couvrir et laisser mijoter 6 à 8 minutes, jusqu'à ce que le thon soit tendre.

4 Chauffer l'huile dans une grande poêle à feu moyen, ajouter les tranches de pain et faire dorer des deux faces. Égoutter sur du papier absorbant et servir avec le ragoût.

VARIANTE

*Remplacez le thon
par tout autre poisson à chair ferme,
comme le requin ou l'espadon.*

Curry de lotte à la goanaise

La gastronomie de Goa, en Inde, est réputée pour ses fruits de mer et ses plats vindaloo,
souvent très relevés. Cette recette est moyennement épicée, mais très riche en goût.

4 personnes

INGRÉDIENTS

750 g de filet de lotte, coupé
  en cubes
1 cuil. à soupe de vinaigre de cidre
1 cuil. à café de sel
1 cuil. à café de curcuma
3 cuil. à soupe d'huile

2 gousses d'ail, hachées
1 petit oignon, finement haché
2 cuil. à café de coriandre en poudre
1 cuil. à café de poivre de Cayenne
2 cuil. à café de paprika
300 m d'eau chaude

2 cuil. à soupe de pulpe de tamarin,
  plus 2 cuil. à soupe d'eau bouillante
  (*voir* méthode)
80 g de crème de coco en bloc,
  coupée en dés
riz nature cuit, en accompagnement

1 Mettre le poisson dans une assiette et arroser de vinaigre. Mélanger la moitié du sel et du curcuma, saupoudrer le poisson avec ce mélange et couvrir. Réserver 20 minutes.

2 Chauffer l'huile dans une poêle, ajouter l'ail et cuire, jusqu'à ce qu'il soit fondant. Ajouter l'oignon et cuire 3 à 4 minutes à feu doux, jusqu'à ce qu'il soit doré, sans laisser dorer. Ajouter la coriandre en poudre et mélanger 1 minute.

3 Mélanger le reste de curcuma, le poivre de Cayenne et le paprika et environ 2 cuillerées à soupe d'eau, jusqu'à obtention d'une pâte, ajouter dans la poêle avec le reste de sel et cuire 1 à 2 minutes à feu doux.

4 Dans une terrine, bien mélanger la pulpe de tamarin avec 2 cuillerées à soupe d'eau bouillante. Lorsque la pulpe s'est détachée des graines et s'est mélangée à l'eau, passer au chinois, en pressant bien la pulpe et jeter les graines.

5 Ajouter la crème de coco, l'eau chaude et la pâte de tamarin dans la poêle et mélanger jusqu'à dissolution de la noix de coco. Ajouter les cubes de poisson et les sucs qui se sont écoulés dans l'assiette et laisser mijoter à feu doux 4 à 5 minutes, jusqu'à ce que la sauce ait épaissi et que le poisson soit tendre. Servir immédiatement sur un lit de riz nature cuit.

Curry vert de poisson à la thaïlandaise

La pâte de curry verte utilisée dans cette recette sert de base à de nombreux plats thaïs.
Elle est délicieuse accompagnée de poulet, de bœuf ou encore de poisson.

4 personnes

INGRÉDIENTS

2 cuil. à soupe d'huile

1 gousse d'ail, hachée

1 petite aubergine, coupée en dés

125 ml de crème de coco

2 cuil. à soupe de sauce de poisson
thaïe

1 cuil. à café de sucre

225 g de poisson blanc à chair ferme,
coupé en cubes (cabillaud, colin,
flétan...)

120 ml de fumet de poisson

2 feuilles de lime, finement ciselées

une quinzaine de feuilles de basilic
thaïlandais, si disponible,
ou de basilic ordinaire

riz nature ou nouilles,
en accompagnement

PÂTE DE CURRY VERTE

5 piments verts frais, épépinés et hachés

2 cuil. à café de lemon-grass haché

1 grosse échalote, hachée

2 gousses d'ail, hachées

1 cuil. à café de gingembre frais
ou de galanga haché

2 racines de coriandre, hachées

$1/2$ cuil. à café de coriandre en poudre

$1/4$ de cuil. à café de cumin en poudre

1 feuille de lime kafir, finement hachée

1 cuil. à café de pâte de crevettes
(facultatif)

$1/2$ cuil. à café de sel

1 Pour la pâte de curry, mettre tous les ingrédients dans un robot de cuisine ou un moulin à épices et moudre jusqu'à obtention d'une pâte homogène, en ajoutant un peu d'eau si nécessaire, ou piler les ingrédients dans un mortier. Réserver.

2 Dans une sauteuse ou un wok, chauffer l'huile jusqu'à ce qu'elle commence à fumer, ajouter l'ail,
et cuire à feu moyen, jusqu'à ce qu'il soit doré. Ajouter la pâte de curry et faire revenir quelques secondes. Ajouter l'aubergine et faire revenir 4 à 5 minutes, jusqu'à ce qu'elle soit tendre.

3 Ajouter la crème de coco, porter à ébullition et remuer, jusqu'à ce que la crème de coco commence à épaissir. Ajouter la sauce de poisson et le sucre, et bien mélanger.

4 Incorporer le poisson, mouiller avec le fumet et laisser mijoter 3 à 4 minutes, en remuant de temps en temps, jusqu'à ce que le poisson soit juste tendre. Ajouter les feuilles de lime et le basilic, cuire encore 1 minute et retirer de la sauteuse ou du wok. Servir avec du riz nature cuit à l'eau ou des nouilles.

Maquereau en escabèche

À travers le monde, l'escabèche évoque les saveurs de l'Espagne. Des variantes de ce plat sont cuisinées tout autour de la Méditerranée.

4 personnes

INGRÉDIENTS

150 ml d'huile d'olive

4 maquereaux, levés en filets

2 cuil. à soupe de farine assaisonnée, pour saupoudrer

4 cuil. à soupe de vinaigre de vin rouge

1 oignon, finement émincé

1 zeste d'orange, prélevé à l'aide d'un économe

1 brin de thym frais

1 brin de romarin frais

1 feuille de laurier frais

4 gousses d'ail, hachées

2 piments rouges frais, coupés en deux

1 cuil. à café de sel

3 cuil. à soupe de persil plat frais haché

pain frais, en accompagnement

1 Chauffer la moitié de l'huile d'olive dans une grande poêle et saupoudrer les filets de maquereau de farine assaisonnée.

2 Ajouter le poisson, procéder en plusieurs fois si nécessaire, et cuire environ 30 secondes de chaque côté. Le poisson ne doit pas être complètement cuit.

3 À l'aide d'une pelle à poisson, transférer le maquereau dans une terrine peu profonde et assez large pour contenir les filets sur une seule couche, et réserver.

4 Ajouter le vinaigre, l'oignon, le zeste d'orange, le thym, le romarin, le laurier, l'ail, les piments et le sel dans la poêle et laisser mijoter 10 minutes à feu doux.

5 Ajouter l'huile d'olive restante et le persil haché, verser la préparation sur le poisson et laisser refroidir. Servir avec du pain frais.

VARIANTE

Remplacez les maquereaux par 12 sardines entières, nettoyées et tête coupée. Cuire de la même manière. Les darnes de thon sont aussi délicieuses accommodées à l'escabèche.

Limande à la sauce aigre-douce

Cette recette est très appréciée au Moyen-Orient. Le poisson est frit puis servi accompagné d'une délicieuse sauce d'oignons, de tomates, de noisettes et de persil.

4 personnes

INGRÉDIENTS

2 grosses limandes, levées en filets
farine, pour saupoudrer
2 cuil. à soupe d'huile d'olive,
  un peu plus pour la friture
2 oignons, finement émincés
115 g de noisettes, hachées

50 g de pignons
50 g de raisins secs
225 g de tomates mûres, mondées
  et concassées
2 cuil. à soupe de vinaigre de vin rouge
150 ml d'eau

3 cuil. à soupe de persil frais haché
sel et poivre
pommes de terre nouvelles à l'eau,
  en accompagnement

1 Laver, sécher les filets de poisson et les saupoudrer légèrement de farine. Dans une grande poêle, chauffer environ 2,5 cm d'huile d'olive – suffisamment pour recouvrir le poisson – à feu moyen-fort, ajouter les filets de poisson, deux par deux et couvrir totalement d'huile. Cuire 5 à 6 minutes, égoutter sur du papier absorbant et réserver. Procéder en plusieurs fois.

2 Chauffer les 2 cuillerées à soupe d'huile d'olive restantes dans une grande casserole, ajouter les oignons et cuire 7 à 8 minutes, jusqu'à ce qu'ils soient dorés et fondants. Ajouter les noisettes, les pignons et les raisins secs et cuire 1 à 2 minutes, jusqu'à ce qu'ils soient dorés. Incorporer les tomates et cuire 5 minutes à feu doux.

3 Ajouter le vinaigre et laisser mijoter 5 minutes à feu doux. Ajouter l'eau et le persil, saler et poivrer. Bien mélanger et laisser mijoter encore 5 minutes à feu doux.

4 Plonger le poisson frit dans la sauce, laisser mijoter 10 minutes à feu doux et servir avec des pommes de terre nouvelles cuites à l'eau.

CONSEIL

Au Moyen-Orient, cette recette se prépare avec nombre de poissons différents, dont le rouget-barbet, grand favori. Vous pouvez laisser entiers les petits poissons (nettoyés et écaillés).

Églefin au yaourt

C'est une recette très simple à préparer, mais le subtil mélange d'épices utilisé en fait un plat original.

4 personnes

INGRÉDIENTS

2 gros oignons, finement émincés

900 g de filets d'églefin, prélevés
près de la tête

425 ml de yaourt nature

2 cuil. à soupe de jus de citron

1 cuil. à café de sucre

2 cuil. à café de cumin en poudre

2 cuil. à café de coriandre en poudre

1 pincée de poivre de Cayenne,
selon son goût

1 pincée de garam masala

1 cuil. à café de gingembre frais râpé

3 cuil. à soupe d'huile

50 g de beurre froid, coupé en dés

sel et poivre

1 Garnir le fond d'un plat allant
au four avec les oignons. Couper
le poisson en lanières, dans la largeur,
et disposer en une seule couche sur
les oignons.

2 Dans une terrine, mélanger
le yaourt, le jus de citron, le sucre,
le cumin, la coriandre, le garam masala,
le poivre de Cayenne, le gingembre,
l'huile, le sel et le poivre, verser sur
le poisson, en veillant à ce qu'il soit
enrobé, et couvrir hermétiquement.

3 Cuire au four préchauffé,
à 190 °C (th. 6-7), 30 minutes,
jusqu'à ce que le poisson soit tendre
et s'émiette facilement.

4 Verser la sauce dans une casserole.
Réserver le poisson au chaud.
Porter la sauce à ébullition, réduire le
feu et laisser réduire à feu doux. Il doit
rester 350 ml de sauce. Retirer du feu.

5 Ajouter les dés de beurre dans
la sauce et fouetter, jusqu'à

ce qu'il ait fondu et soit complètement
incorporé, verser la sauce sur
le poisson et servir.

CONSEIL

*Quand vous aurez enlevé
la sauce du poisson,
elle vous paraîtra peu
épaisse et dissociée, mais la réduction
et l'adjonction de beurre la recomposera.*

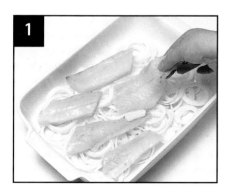

Cabillaud à l'italienne

Pas authentique au sens strict du terme, ce plat est préparé avec les ingrédients typiquement italiens tels que tomates, câpres, olives et basilic, pour constituer un délicieux dîner.

4 personnes

INGRÉDIENTS

2 cuil. à soupe d'huile d'olive
1 oignon, finement haché
2 gousses d'ail, finement hachées
2 cuil. à café de thym frais haché
150 ml de vin rouge
2 boîtes de 400 g de tomates
  concassées

1 pincée de sucre
50 g d'olives noires dénoyautées,
  grossièrement hachées
50 g d'olives vertes dénoyautées,
  grossièrement hachées
2 cuil. à soupe de câpres, égouttées,
  rincées et grossièrement hachées

2 cuil. à soupe de basilic frais haché
4 darnes de cabillaud de 175 g chacune
150 g de mozzarella de bufflonne,
  égouttée et émincée
sel et poivre
nouilles au beurre, en accompagnement

1 Chauffer l'huile d'olive dans une casserole, ajouter l'oignon et cuire 5 minutes à feu doux, sans laisser dorer, jusqu'à ce qu'il soit fondant. Ajouter l'ail et le thym, et cuire encore 1 minute.

2 Augmenter la température, mouiller avec le vin et laisser mijoter jusqu'à réduction et obtention d'une consistance sirupeuse. Ajouter les tomates et le sucre, porter à ébullition et couvrir. Laisser mijoter 30 minutes, découvrir et laisser mijoter 20 minutes, jusqu'à épaississement. Ajouter les olives, les câpres et le basilic, saler et poivrer.

3 Mettre les darnes de cabillaud dans un plat peu profond allant au four, napper de sauce tomate, et cuire au four préchauffé, à 190 °C (th. 6-7), 20 à 25 minutes, jusqu'à ce que le poisson soit tendre.

4 Retirer du four et disposer les rondelles de mozzarella sur le poisson.

5 Remettre au four, cuire 5 à 10 minutes, jusqu'à ce que le fromage ait fondu, et servir immédiatement avec des nouilles au beurre.

VARIANTE

Vous pouvez utilisez tout autre poisson blanc, pourquoi pas du turbot ou du saint-pierre.

Curry de cabillaud

Ce curry n'est authentique au sens stricte car on l'agrémente de pâte de curry,
plus rapide et facile à utiliser.

4 personnes

INGRÉDIENTS

1 cuil. à soupe d'huile

1 petit oignon, haché

2 gousses d'ail, hachées

1 morceau de gingembre frais
de 2,5 cm, grossièrement haché

2 grosses tomates mûres, mondées
et grossièrement concassées

1 cuil. à soupe de pâte de curry
moyenne

1 cuil. à café de coriandre en poudre

400 g de pois chiches en boîte,
égouttés et rincés

750 g de filet de cabillaud, coupé
en cubes

150 ml de fumet de poisson

4 cuil. à soupe de coriandre fraîche
hachée

4 cuil. à soupe de yaourt épais

sel et poivre

riz basmati cuit, en accompagnement

1 Chauffer l'huile dans une grande casserole, ajouter l'oignon, l'ail et le gingembre et cuire 4 à 5 minutes à feu doux, en remuant de temps en temps, jusqu'à ce qu'ils soient fondants. Retirer du feu, transférer dans un robot de cuisine avec les tomates et le fumet de poisson, et mixer jusqu'à obtention d'une consistance homogène.

2 Remettre la préparation dans la casserole, ajouter la pâte de curry, la coriandre et les pois chiches et bien mélanger. Laisser mijoter 15 minutes à feu doux, jusqu'à épaississement.

3 Ajouter le poisson, ramener à petits bouillons et cuire 5 minutes jusqu'à ce que le poisson soit juste tendre. Laisser reposer 2 à 3 minutes hors du feu.

4 Incorporer la coriandre et le yaourt, saler et poivrer selon son goût. Servir avec du riz basmati cuit à la vapeur.

VARIANTE

Vous pouvez remplacer le cabillaud
par des crevettes roses, mais supprimer
les pois chiches.

Cabillaud salé maison aux pois chiches

Vous devrez commencer la préparation de ce plat deux jours avant de le déguster ;
ce temps est nécessaire pour le salage du poisson.

6 personnes

INGRÉDIENTS

50 g de gros sel
1,5 kg de filets de cabillaud frais,
    pris près de la tête, avec la peau
225 g de pois chiches secs,
    ayant trempé une nuit
1 piment rouge frais
4 gousses d'ail

2 feuilles de laurier
1 cuil. à soupe d'huile d'olive
300 ml de bouillon de poulet
poivre
huile d'olive vierge extra,
    pour arroser

GREMOLATA
3 cuil. à soupe de persil frais haché
2 gousses d'ail, finement hachées
zeste finement râpé d'un citron

1 Saupoudrer de sel les deux faces des filets de cabillaud, mettre dans un plat peu profond et couvrir de film alimentaire. Réserver 48 heures au réfrigérateur, rincer à l'eau courante et laisser tremper 2 heures dans l'eau froide.

2 Égoutter les pois chiches, rincer soigneusement et égoutter de nouveau. Mettre dans une grande casserole, ajouter le double de leur volume en eau et porter à ébullition à feu doux. Écumer. Fendre le piment dans la longueur, ajouter aux pois chiches avec les gousses d'ail entières et les feuilles de laurier, et couvrir. Laisser mijoter 1 h 30 à 2 heures, jusqu'à ce que les pois chiches soient très tendres, en écumant si nécessaire.

3 Égoutter le cabillaud, sécher sur du papier absorbant, et badigeonner d'huile d'olive. Poivrer généreusement, cuire au gril préchauffé ou sur un gril en fonte à fond rainuré 3 à 4 minutes de chaque côté, jusqu'à ce que le poisson soit tendre. Entre-temps, ajouter le bouillon de poulet aux pois chiches, porter à ébullition, et réserver au chaud.

4 Pour le gremolata, mélanger le persil, l'ail et le zeste de citron finement râpé.

5 Pour servir, verser les pois chiches et leur jus de cuisson dans 6 assiettes à soupe chaudes, disposer le cabillaud grillé dessus et saupoudrer de gremolata. Arroser d'un généreux filet d'huile d'olive et servir.

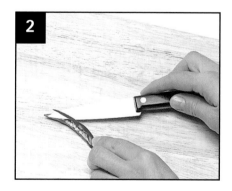

Cotriade

La cotriade est un riche ragoût de poissons et de légumes, parfumé au safran
et aux herbes aromatiques. Le poisson, les légumes et la soupe sont servis séparément.

6 personnes

INGRÉDIENTS

1 bonne pincée de safran
600 ml de fumet de poisson, chaud
1 cuil. à soupe d'huile d'olive
25 g de beurre
1 oignon, émincé
1 poireau, émincé
2 gousses d'ail, hachées

1 petit bulbe de fenouil, finement
  émincé
450 g de pommes de terre, coupées
  en cubes
150 ml de vin blanc sec
1 cuil. à soupe de feuilles de thym frais
2 feuilles de laurier

4 tomates mûres, mondées et concassées
900 g de poissons variés (églefin, colin,
  maquereau, rouget-barbet ou mulet
  cabot), grossièrement hachés
2 cuil. à soupe de persil frais haché
sel et poivre
pain frais, en accompagnement

1 Piler le safran dans un mortier, ajouter au fumet de poisson, et bien remuer. Laisser infuser au moins 10 minutes.

2 Chauffer l'huile et le beurre dans une cocotte, ajouter l'oignon et cuire 4 à 5 minutes à feu doux, jusqu'à ce qu'il soit fondant. Ajouter l'ail, le poireau, le fenouil et les pommes de terre, couvrir et cuire 10 à 15 minutes, jusqu'à ce que les légumes soient tendres.

3 Mouiller avec le vin et faire bouillir à feu vif 3 à 4 minutes, jusqu'à réduction de moitié. Ajouter le thym, les tomates et les feuilles de laurier, et bien mélanger. Ajouter le fumet de poisson au safran, porter à ébullition et couvrir. Laisser mijoter à feu doux 15 minutes, jusqu'à ce que les légumes soient tendres.

4 Ajouter le poisson, porter de nouveau à ébullition et cuire encore 3 à 4 minutes, jusqu'à ce

qu'il soit tendre. Ajouter le persil, saler et poivrer selon son goût. Disposer le poisson et les légumes dans un plat de service chaud et servir avec du pain frais.

VARIANTE

Lorsque le poisson et les légumes
sont cuits, vous pouvez les mixer
et les passer au chinois pour obtenir
un velouté de poisson.

Marmite de calmar à la tomate

Les calmars, lentement mijotés dans une sauce à base de tomate et de vin rouge,
sont attendris dans cette savoureuse marmite.

4 personnes

INGRÉDIENTS

750 g de calmars
3 cuil. à soupe d'huile d'olive
1 oignon, haché
3 gousses d'ail, finement hachées

1 cuil. à café de feuilles de thym frais
400 g de tomates concassées en boîte
150 ml de vin rouge
300 ml d'eau

1 cuil. à soupe de persil frais haché
sel et poivre

1 Pour préparer les calmars entiers, tenir fermement le corps du calmar, saisir les tentacules à l'intérieur du corps et retirer les viscères en tirant fermement. Retirer l'os transparent, saisir les nageoires à l'extérieur du corps et tirer pour retirer la peau rosâtre. Couper les tentacules juste en-dessous du bec et réserver. Laver le corps et les tentacules à l'eau courante, couper le corps en anneaux et bien égoutter sur du papier absorbant.

2 Chauffer l'huile dans une grande cocotte allant au four, ajouter les calmars et cuire à feu moyen, sans cesser de remuer, jusqu'à ce qu'ils dorent légèrement.

3 Réduire le feu, ajouter l'oignon, l'ail et le thym, et cuire encore 5 minutes, jusqu'à ce qu'ils soient fondants.

4 Incorporer les tomates et l'eau, mouiller avec le vin rouge et porter à ébullition. Cuire dans la cocotte, au four préchauffé, à 140 °C (th. 4-5), 2 heures. Incorporer le persil, saler et poivrer selon son goût.

VARIANTE

Utilisez cette recette comme base pour d'autres plats de poisson plus copieux.
Avant de mettre le persil, ajoutez d'autres poissons et fruits de mer : noix de Saint-Jacques, morceaux de filets de poisson, crevettes royales, voire homard cuit. Portez de nouveau la préparation à ébullition et cuire 2 minutes. Ajoutez le persil, saler et poivrer.

Marmite de poisson à l'espagnole

Ce plat catalan élaboré utilise deux méthodes de cuisson typiquement espagnoles – le sofrito, dans lequel les légumes sont lentement mijotés, et le picada, qui utilise un mélange de fruits à écale, de pain et d'ail pour épaissir le ragoût.

6 personnes

INGRÉDIENTS

5 cuil. à soupe d'huile d'olive

2 gros oignons, finement hachés

2 tomates mûres, mondées, épépinées et coupées en dés

2 tranches de pain blanc, sans la croûte

4 amandes, grillées

3 gousses d'ail, grossièrement hachées

350 g de homard cuit

200 g de calmars, nettoyés

200 g de filet de lotte

200 g de filet de cabillaud, sans la peau

1 cuil. à soupe de farine

6 crevettes royales crues

6 langoustines

18 moules fraîches, grattées et ébarbées

8 gros clams frais, grattés

1 cuil. à soupe de persil frais haché

120 ml de cognac

sel et poivre

1 Chauffer 3 cuillerées à soupe d'huile dans une poêle, ajouter les oignons et cuire à feu doux 10 à 15 minutes, jusqu'à ce qu'ils soient dorés en ajoutant un peu d'eau si nécessaire pour éviter qu'ils attachent. Ajouter les tomates et cuire, jusqu'à ce qu'elles se soient défaites et que l'huile surnage.

2 Chauffer 1 cuillerée à soupe de l'huile restante et faire rissoler les tranches de pain. Couper en morceaux grossiers, mettre

dans un mortier avec les amandes et 2 gousses d'ail, et piler jusqu'à obtention d'une pâte fine, ou mixer dans un robot de cuisine.

3 Fendre le homard en deux dans la longueur, retirer et jeter le boyau intestinal (veine le long de la queue), la poche à graviers (estomac) et les membranes spongieuses. Casser les pinces et retirer la chair. Retirer la chair de la queue et la hacher grossièrement. Découper le corps du calmar en anneaux.

4 Saler et poivrer la lotte, le cabillaud et le homard et saupoudrer d'un peu de farine. Chauffer l'huile restante dans une poêle, faire revenir séparément le poisson, le homard, les crevettes et les langoustines, et les disposer dans une cocotte à mesure qu'ils se colorent.

5 Ajouter les clams et les moules dans la cocotte, avec l'ail et le persil haché restants et chauffer à feu doux. Verser le cognac, flamber et, une fois les flammes éteintes, ajouter la préparation aux tomates. Recouvrir d'eau, porter à ébullition et laisser mijoter 3 à 4 minutes, jusqu'à ce que les coquillages soient ouverts. Jeter les coquillages qui restent fermés. Incorporer le hachis de pain, saler et poivrer selon son goût. Laisser mijoter encore 5 minutes, jusqu'à ce que le poisson soit tendre.

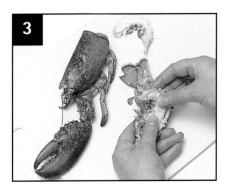

Tajine de poisson marocain

Un tajine est un plat de cuisson en terre cuite dont le couvercle en forme de dôme permet
de conserver la vapeur. Néanmoins, cette recette peut être réalisée dans une casserole ordinaire.

4 personnes

INGRÉDIENTS

2 cuil. à soupe d'huile d'olive

1 gros oignon, finement haché

1 pincée de filaments de safran

150 ml de vin blanc sec

½ cuil. à café de chaque : cannelle,
cumin et curcuma en poudre

1 cuil. à café de coriandre en poudre

200 g de tomates concassées en boîte

300 ml de fumet de poisson

4 petits rougets-barbets nettoyés,
arêtes, tête et queue retirées

50 g d'olives vertes dénoyautées

1 cuil. à soupe de citron confit haché

3 cuil. à soupe de coriandre fraîche
hachée

sel et poivre

couscous, en accompagnement

1 Chauffer l'huile d'olive dans une grande casserole ou une cocotte, ajouter l'oignon et cuire 10 minutes à feu doux, en remuant de temps en temps, jusqu'à ce qu'il soit fondant, sans laisser dorer. Ajouter le safran, la cannelle, la coriandre, le cumin et le curcuma, et cuire encore 30 secondes sans cesser de remuer.

2 Ajouter les tomates concassées et le fumet de poisson, bien mélanger et porter à ébullition. Couvrir, laisser mijoter 15 minutes, et retirer le couvercle. Laisser mijoter 20 à 35 minutes jusqu'à épaississement de la sauce.

3 Couper chaque rouget en deux, incorporer les morceaux dans la casserole en les mélangeant à la sauce et laisser mijoter à feu doux 5 à 6 minutes, jusqu'à ce que le poisson soit juste cuit.

4 Incorporer délicatement les olives, le citron confit et la coriandre hachée. Saler, poivrer et servir à même la casserole ou la cocotte avec du couscous.

CONSEIL

Il est très facile de réaliser soi-même des citrons confits. Achetez une quantité suffisante de citrons pour remplir complètement un bocal.
Coupez-les en deux dans la longueur sans aller jusqu'au bout.
Saturez les citrons avec 4 cuillerées à soupe de sel marin par citron.
Ajoutez le jus d'un citron supplémentaire et couvrez d'eau.
Attendez au moins 1 mois avant de consommer.

Marmite de sardines

*Cette originale marmite de sardines est préparée avec des oignons grelots, des tomates,
des olives, du raisin, du marsala et des pignons.*

4 personnes

INGRÉDIENTS

50 g de raisins secs

3 cuil. à soupe de marsala

4 cuil. à soupe d'huile d'olive

225 g d'oignons grelots, coupés
en deux pour les plus gros

2 gousses d'ail, hachées

1 cuil. à soupe de sauge fraîche hachée

4 grosses tomates, mondées
et concassées

150 ml de bouillon de poisson
ou de légumes

2 cuil. à soupe de vinaigre balsamique

450 g de sardines fraîches, nettoyées

25 g d'olives noires dénoyautées

4 cuil. à soupe de pignons, grillés

2 cuil. à soupe de persil frais haché

1 Mettre les raisins secs dans
une petite terrine, ajouter
le marsala et laisser tremper environ
1 heure, jusqu'à ce que les raisins
aient gonflé. Filtrer et réserver
le marsala et les raisins.

2 Chauffer l'huile d'olive dans
un fait-tout, ajouter les oignons
et cuire 15 minutes à feu doux, en
remuant de temps en temps, jusqu'à
ce qu'ils soient fondants et dorés.
Ajouter l'ail et la sauge et cuire
1 minute. Ajouter les tomates, cuire

encore 2 à 3 minutes. Mouiller avec
le fumet de poisson ou le bouillon
de légumes, le vinaigre et le marsala
réservé, porter à ébullition et couvrir.
Laisser mijoter 25 minutes.

3 Ajouter les sardines, laisser
mijoter à feu doux, 2 à 3 minutes,
et ajouter les raisins, les olives
et les pignons. Laisser mijoter 2 à
3 minutes, jusqu'à ce que le poisson
soit cuit, parsemer de persil haché
et servir immédiatement.

VARIANTE

*Remplacez les sardines
par du cabillaud salé maison
(voir page 90) ou de la morue fumée.*

Curry rouge de crevettes

*Comme tous les curry thaïs, celui-ci est préparé à base de pâte de piment
et d'épices variées, et de lait de coco.*

4 personnes

INGRÉDIENTS

2 cuil. à soupe d'huile

1 gousse d'ail, finement hachée

200 ml de lait de coco

2 cuil. à soupe de sauce de poisson
   thaïe

1 cuil. à café de sucre

12 crevettes royales crues, décortiquées
   et déveinées

2 feuilles de lime, finement ciselées

1 petit piment rouge, épépiné
   et finement émincé

10 feuilles de basilic thaïlandais,
   si disponible, ou de basilic ordinaire

PÂTE DE CURRY ROUGE

3 piments rouges séchés

$\frac{1}{2}$ cuil. à café de coriandre en poudre

$\frac{1}{4}$ de cuil. à café de cumin en poudre

1 cuil. à café de poivre noir moulu

2 gousses d'ail, hachées

2 tiges de lemon-grass, hachées

1 feuille de lime kafir, finement hachée

1 cuil. à café de gingembre frais
   ou de galanga haché

1 cuil. à café de pâte de crevettes
   (facultatif)

$\frac{1}{2}$ cuil. à café de sel

1 Pour la pâte de curry rouge, mettre tous les ingrédients dans un robot de cuisine ou un moulin à épices, et moudre jusqu'à obtention d'une pâte homogène, en ajoutant un peu d'eau, si nécessaire, ou piler les ingrédients dans un mortier. Réserver.

2 Chauffer l'huile dans un wok ou une sauteuse, jusqu'à ce qu'elle commence à fumer, ajouter l'ail et faire dorer. Ajouter 1 cuillerée à soupe de pâte de curry et faire revenir 1 minute. Ajouter la moitié du lait de coco, la sauce de poisson et le sucre, et mélanger. Le mélange doit épaissir légèrement.

3 Ajouter les crevettes et cuire 3 à 4 minutes à feu doux, jusqu'à coloration, ajouter délicatement le reste de lait de coco, les feuilles de lime et le piment rouge, et cuire à feu doux 2 à 3 minutes, jusqu'à ce que les crevettes soient tendres.

4 Ajouter les feuilles de basilic, remuer pour qu'elles soient flétries.

CONSEIL

*Avec ces quantités, il restera de la pâte
de curry. N'ayez crainte, elle se
conserve bien. Utilisez-en avec du thon
en boîte, de l'oignon vert haché, du jus
de citron vert et des haricots pinto,
et proposez ce mélange en sandwich.*

Curry de crevettes aux courgettes

La meilleure façon d'élaborer ce plat est de préparer les ingrédients et de mesurer les épices à l'avance. Le temps de cuisson sera alors très court.

4 personnes

INGRÉDIENTS

350 g de petites courgettes
5 cuil. à soupe d'huile
1 cuil. à café de sel
450 g de crevettes tigrées crues, décortiquées et déveinées
5 cuil. à soupe de coriandre fraîche hachée

1 piment vert frais, épépiné et finement haché
4 gousses d'ail, finement hachées
$\frac{1}{2}$ cuil. à café de curcuma
1 cuil. à café de sucre
1 cuil. à café $\frac{1}{2}$ de cumin en poudre
1 pincée de poivre de Cayenne

200 g de tomates concassées en boîte
1 cuil. à café de gingembre frais râpé
1 cuil. à soupe de jus de citron
riz basmati vapeur, en accompagnement
quartiers de citron vert, en garniture

1 Laver, parer les courgettes et les couper en julienne. Mettre dans une passoire, saupoudrer d'un peu de sel et laisser dégorger 30 minutes. Rincer, égoutter et sécher avec du papier absorbant. Laisser égoutter complètement sur du papier absorbant.

2 Chauffer l'huile dans une sauteuse ou un wok à feu vif, ajouter l'ail. Dès qu'il commence à dorer, ajouter les courgettes, la coriandre, le piment vert,

le curcuma, le cumin, le poivre de Cayenne, les tomates, le gingembre, le jus de citron et le reste de sel, bien mélanger et porter à ébullition.

3 Couvrir, laisser mijoter 5 minutes à feu doux et incorporer les crevettes.

4 Augmenter la température au maximum, laisser mijoter 5 minutes environ, jusqu'à ce que la sauce épaississe et réduise, et servir

avec du riz basmati cuit à la vapeur et des quartiers de citron vert.

VARIANTE

Si vous ne trouvez pas de crevettes tigrées, prenez des bouquets cuits et décortiqués. Mais comme ils perdront beaucoup d'eau, vous devrez prolonger le temps de cuisson pour que la sauce épaississe.

Salades, & plats d'été & dîners

Puisqu'il cuit en un tour de main, le poisson
est l'ingrédient idéal des repas de semaine.
Il sera aussi délicieux mariné que juste grillé au four
ou au barbecue, et parfait dans les salades chaudes
ou froides.

Ce chapitre propose des recettes qui,
bien que très simples à réaliser, font beaucoup d'effet
et semblent avoir demandé beaucoup de préparation.
Vous trouverez des salades copieuses à servir en plat
principal, comme la salade de thon aux haricots,
le taboulé au thon ou la salade César.

Pour un dîner rapide, goûtez au meilleur
« fish and chips » (cabillaud et frites), à la frittata
au saumon ou aux galettes de thon.
La cuisson au barbecue, elle aussi délicieuse,
n'est pas oubliée avec la lotte au barbecue,
les noix Saint-Jacques grillées ou les brochettes
de la mer.

Salade César

La salade César est une création du chef d'un grand hôtel d'Acapulco, au Mexique.
Cette recette a acquis une réputation internationale.

4 personnes

INGRÉDIENTS

1 grosse romaine ou 2 petites
4 anchois en boîte, égouttés
   et coupés en deux dans la longueur
copeaux de parmesan, en garniture

SAUCE
2 gousses d'ail, hachées
1 cuil. à café $^1/_2$ de moutarde de Dijon

1 cuil. à café de sauce Worcester
4 anchois à l'huile d'olive en boîte,
   égouttés et hachés
1 jaune d'œuf
1 cuil. à soupe de jus de citron
150 ml d'huile d'olive
4 cuil. à soupe de parmesan fraîchement
   râpé

sel et poivre

CROÛTONS
4 grosses tranches de pain blanc rassises
2 cuil. à soupe d'huile d'olive
1 gousse d'ail, hachée

1 Pour la sauce, mélanger l'ail, la sauce Worcester, la moutarde, les anchois, le jaune d'œuf, le jus de citron, le sel et le poivre dans un robot de cuisine et mixer 30 secondes, jusqu'à obtenir un mélange mousseux. Ajouter petit à petit l'huile d'olive, goutte à goutte jusqu'à ce que la préparation épaississe, puis en un filet continu jusqu'à ce que toute l'huile ait été incorporée. Verser la sauce dans une terrine, ajouter un peu d'eau chaude si elle est trop épaisse, et incorporer le parmesan râpé. Goûter la sauce, rectifier l'assaisonnement si nécessaire, et couvrir. Réserver au réfrigérateur.

2 Pour les croûtons, couper le pain en dés de 1 cm, mélanger dans une terrine avec l'huile et l'ail, et disposer sur une plaque de four en une seule couche. Cuire au four préchauffé, à 180 °C (th. 6), 15 à 20 minutes, en remuant de temps en temps, jusqu'à ce que les croûtons soient dorés et croustillants, sortir du four et laisser refroidir. Réserver.

3 Effeuiller la romaine, laver les feuilles et couper en morceaux. Égoutter à l'aide d'une essoreuse à salade ou sur du papier absorbant. (Une trop grande humidité noierait la sauce.) Mettre dans un sac en plastique et réserver au réfrigérateur.

4 Mettre les feuilles de romaine dans un grand saladier, Arroser avec la sauce et bien mélanger pour imprégner toutes les feuilles. Garnir avec les anchois coupés en deux et les croûtons, parsemer de copeaux de parmesan et servir immédiatement.

Taboulé au thon

Un taboulé est à base de fine semoule de blé. On prépare traditionnellement la semoule dans un plat spécial, un couscoussier – une casserole double dont le couvercle permet d'évacuer la chaleur. De nos jours, le couscous précuit ne nécessite qu'un ajout d'eau bouillante pour sa cuisson.

4 personnes

INGRÉDIENTS

225 g de couscous

1 bâtonnet de cannelle, d'environ 5 cm

2 cuil. à café de graines de coriandre

1 cuil. à café de graines de cumin

2 cuil. à soupe d'huile d'olive

1 petit oignon, finement haché

2 gousses d'ail, finement hachées

½ cuil. à café de curcuma

1 pincée de poivre de Cayenne

1 cuil. à soupe de jus de citron

50 g de raisins de Corinthe

3 tomates olivettes mûres, concassées

80 g de concombre, râpé

4 oignons verts, émincés

200 g de thon à l'huile d'olive en boîte, égoutté et émietté

3 cuil. à soupe de coriandre fraîche hachée

sel et poivre

1 Cuire le couscous selon les instructions figurant sur le paquet, en omettant le beurre recommandé, verser dans une terrine et réserver.

2 Chauffer une petite poêle, ajouter le bâtonnet de cannelle, les graines de coriandre et de cumin, et faire revenir à sec à feu très vif, jusqu'à ce que les graines commencent à éclater et à exhaler leur arôme. Retirer du feu, mettre les graines dans un mortier et réduire en fine poudre à l'aide d'un pilon ou moudre dans un moulin à épices. Réserver.

3 Chauffer l'huile dans une poêle, ajouter l'oignon et cuire 7 à 8 minutes à feu doux, en remuant de temps en temps, jusqu'à ce qu'il soit légèrement doré et fondant. Ajouter l'ail et cuire 1 minute. Incorporer les épices grillées et moulues, le curcuma et le poivre de Cayenne et cuire encore 1 minute. Retirer la casserole du feu et incorporer le jus de citron. Ajouter cette préparation au couscous et mélanger soigneusement pour enrober les graines.

4 Ajouter les raisins de Corinthe, les tomates, le concombre, les oignons verts, le thon et la coriandre hachée, saler et poivrer selon son goût. Mélanger, laisser complètement refroidir et servir à température ambiante.

Salade niçoise au thon

Voici une variante de la traditionnelle salade niçoise.
Cette salade consistante est idéale pour le déjeuner ou pour un dîner léger.

4 personnes

INGRÉDIENTS

4 œufs

450 g de pommes de terre nouvelles

115 g de haricots verts nains, équeutés
   et coupés en deux

2 steaks de thon de 175 g chacun

6 cuil. à soupe d'huile d'olive,
   un peu plus pour badigeonner

1 gousse d'ail, hachée

1 cuil. à café ¹/₂ de moutarde de Dijon

2 cuil. à café de jus de citron

2 cuil. à soupe de basilic frais haché

2 petites romaines

200 g de tomates cerises, coupées
   en deux

175 g de concombre, épluché, coupé
   en deux puis émincé

50 g d'olives noires dénoyautées

50 g d'anchois à l'huile, égouttés

sel et poivre

1 Porter une petite casserole d'eau à ébullition, ajouter les œufs et cuire 7 à 9 minutes à partir du moment où l'eau recommence à bouillir (7 minutes pour un jaune légèrement mollet, 9 pour un jaune ferme). Égoutter, rafraîchir à l'eau courante et réserver.

2 Cuire les pommes de terre dans de l'eau bouillante légèrement salée 10 à 12 minutes, jusqu'à ce qu'elles soient tendres, ajouter les haricots 3 minutes avant la fin du temps de cuisson et égoutter. Rafraîchir à l'eau courante et égoutter.

3 Égoutter, sécher le thon et badigeonner les deux faces d'un peu d'huile d'olive. Saler, poivrer et cuire sur un gril en fonte à fond rainuré préchauffé, 2 à 3 minutes de chaque côté, jusqu'à ce que le thon soit tendre mais légèrement rosé au centre. Réserver.

4 Fouetter l'ail, la moutarde, le jus de citron, le basilic haché, le sel et le poivre, et incorporer l'huile d'olive.

5 Effeuiller la romaine, laver les feuilles et couper en gros morceaux. Répartir sur des assiettes, disposer par dessus les pommes de terre, les haricots, les tomates, les concombre et les olives, et mélanger légèrement. Écaler les œufs, couper en quartiers dans la longueur, et disposer les œufs sur la salade. Parsemer la salade avec les anchois.

6 Émietter les steaks de thon, disposer sur la salade et verser la sauce. Servir.

VARIANTE

Remplacez le thon frais par 2 boîtes de 200 g de miettes de thon à l'huile d'olive, égouttées.

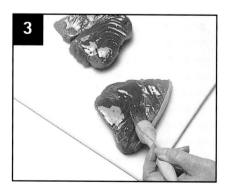

Salade de haricots au thon

Si vous avez oublié de faire tremper les haricots secs, pas de panique. Mettez-les dans une casserole d'eau, portez à ébullition, réduisez le feu, couvrez et laissez tremper au moins 2 heures.

4 personnes

INGRÉDIENTS

225 g de haricots blancs secs
1 cuil. à soupe de jus de citron
5 cuil. à soupe d'huile d'olive vierge
    extra, un peu plus pour badigeonner
1 gousse d'ail, finement hachée

1 petit oignon rouge, très finement
    émincé (facultatif)
1 cuil. à soupe de persil frais haché
4 steaks de thon de 175 g chacun
sel et poivre

GARNITURE
brins de persil
quartiers de citron

1 Mettre les haricots dans une terrine, recouvrir avec au moins deux fois leur volume d'eau froide et laisser tremper 8 heures, une nuit entière si possible.

2 Au moment de cuire, égoutter les haricots, mettre dans une casserole avec deux fois leur volume d'eau fraîche et porter à ébullition. Écumer, laisser cuire 10 minutes à gros bouillons et réduire le feu. Laisser mijoter 1 h 15 à 1 h 30, jusqu'à ce qu'ils soient tendres.

3 Mélanger le jus de citron, l'huile d'olive et l'ail, saler et poivrer. Bien égoutter les haricots, ajouter la préparation à l'huile d'olive, l'oignon et le persil. Saler et poivrer selon son goût, et réserver.

4 Laver, sécher les steaks de thon et badigeonner légèrement les deux faces d'huile d'olive. Saler et poivrer. Cuire sur un gril en fonte à fond rainuré préchauffé, 2 minutes de chaque côté, jusqu'à ce que le thon soit rosé à cœur.

5 Répartir la salade de haricots dans 4 assiettes, disposer les steaks de thon dessus et garnir de persil et de quartiers de citron. Servir immédiatement.

CONSEIL

Remplacez les haricots secs par des haricots en boîte. Réchauffez-les selon les instructions figurant sur le paquet, égouttez et mélangez avec la sauce comme indiqué ci-dessus.

Salade de fruits de mer à la thaïlandaise

À servir très frais accompagnée de la sauce parfumée.

4 personnes

INGRÉDIENTS

450 g de moules fraîches
8 gambas crues
350 g de calmar, nettoyé et émincé
   dans la largeur en anneaux
115 g de crevettes roses cuites
   décortiquées
½ oignon rouge, finement émincé
½ poivron vert, épépiné
   et finement émincé

115 g de germes de soja
115 g de pak-choi ciselé

SAUCE
1 gousse d'ail, hachée
1 cuil. à café de gingembre frais râpé
1 piment rouge, épépiné et finement
   haché
1 cuil. à soupe de jus de citron vert

2 cuil. à soupe de coriandre fraîche
   hachée
1 cuil. à café de zeste de citron vert
   finement râpé
1 cuil. à soupe de sauce de soja légère
5 cuil. à soupe d'huile de tournesol
   ou d'arachide
2 cuil. à café d'huile de sésame
sel et poivre

1 Gratter, ébarber les moules, et mettre dans une grande casserole. Recouvrir d'eau et cuire 3 à 4 minutes à feu vif, en secouant la casserole de temps en temps, jusqu'à ce que les moules soient ouvertes. Jeter celles qui restent fermées. Égoutter, en réservant le jus de cuisson, rafraîchir les moules à l'eau courante et égoutter de nouveau. Réserver.

2 Porter le liquide de cuisson réservé à ébullition, ajouter les gambas, et laisser mijoter 5 minutes. Ajouter le calmar et cuire 2 minutes, jusqu'à ce que les calmars et les gambas soient bien cuits. Retirer les fruits de mer à l'aide d'une écumoire, les plonger immédiatement dans une grande terrine d'eau froide et égoutter de nouveau les fruits de mer. Réserver le jus de cuisson.

3 Décoquiller les moules, mettre dans une terrine avec les gambas, le calmar et les crevettes, et couvrir. Réfrigérer 1 heure.

4 Pour la sauce, mettre tous les ingrédients, à l'exception de l'huile de tournesol ou d'arachide, dans un robot de cuisine et mixer jusqu'à obtention d'une pâte homogène. Ajouter les deux types d'huile, le jus de cuisson des fruits de mer réservé et 4 cuillerées à soupe d'eau froide, saler et poivrer. Mixer pour bien mélanger.

5 Au moment de servir, mélanger l'oignon, le poivron rouge, les germes de soja et le pak-choi dans une terrine et remuer avec 2 à 3 cuillerées à soupe de sauce. Disposer les légumes sur un grand plat de service ou dans un saladier, mélanger le reste de sauce avec les fruits de mer et ajouter aux légumes. Servir immédiatement.

Salade chaude de raie aux épinards

Cette salade de poisson colorée constitue un plat principal ou une entrée copieuse pour 6 personnes.
La raie doit sentir l'iode ; si le poisson a une forte odeur d'ammoniac, ne le cuisinez pas.

4 personnes

INGRÉDIENTS

700 g d'ailes de raie, parées
2 brins de romarin frais
1 feuille de laurier frais
1 cuil. à soupe de grains de poivre noir
1 citron, coupé en quartiers

450 g de jeunes épinards
1 cuil. à soupe d'huile d'olive
1 petit oignon rouge, finement émincé
2 gousses d'ail, hachées
½ cuil. à café de flocons de piment

50 g de pignons, légèrement grillés
50 g de raisins secs
1 cuil. à soupe de sucre de canne blond
2 cuil. à soupe de persil frais haché

1 Mettre les ailes de raie dans une grande casserole avec le romarin, la feuille de laurier, les grains de poivre et les quartiers de citron, recouvrir d'eau froide et porter à ébullition. Couvrir, laisser mijoter 4 à 5 minutes à feu doux, jusqu'à ce que la chair commence à se détacher du cartilage, et retirer la casserole du feu. Réserver 15 minutes.

2 Retirer le poisson de l'eau, effiler la chair et réserver.

3 Laver les épinards, mettre dans une casserole sans les égoutter,

et faire fondre 30 secondes à feu vif. Égoutter, rafraîchir à l'eau courante et égoutter de nouveau soigneusement. Presser les feuilles pour en exprimer tout excès d'eau et réserver.

4 Chauffer l'huile d'olive dans une grande sauteuse, ajouter l'oignon rouge et cuire 3 à 4 minutes à feu doux, en remuant de temps en temps, jusqu'à ce qu'il soit fondant mais sans laisser dorer. Ajouter l'ail, les flocons de piment, les pignons, les raisins secs et le sucre et cuire 1 à 2 minutes. Ajouter les épinards et réchauffer 1 minute en remuant.

5 Incorporer délicatement la raie et cuire encore 1 minute. Saler et poivrer généreusement.

6 Répartir la salade sur 4 assiettes, parsemer de persil haché et servir immédiatement.

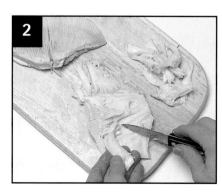

Rougets-barbets grillés

Essayez de vous procurer des petits rougets-barbets pour ce plat. Si vous n'en trouvez que des gros, servez-en un par personne et augmentez le temps de cuisson en conséquence.

4 personnes

INGRÉDIENTS

1 citron, finement émincé

2 gousses d'ail, hachées

4 brins de persil plat frais

4 brins de thym frais

8 feuilles de sauge fraîche

2 grosses échalotes, émincées

8 petits rougets-barbets, nettoyés

8 tranches de jambon de Parme

sel et poivre

POMMES DE TERRE ET ÉCHALOTES
   SAUTÉES

4 cuil. à soupe d'huile d'olive

900 g de pommes de terre, coupées
   en dés

8 gousses d'ail entières, non pelées

12 petites échalotes entières

SAUCE

4 cuil. à soupe d'huile d'olive

1 cuil. à soupe de jus de citron

1 cuil. à soupe de persil plat frais haché

1 cuil. à soupe de ciboulette fraîche
   hachée

sel et poivre

1 Pour les pommes de terre et les échalotes sautées, chauffer l'huile d'olive dans une grande poêle à fond épais, ajouter les pommes de terre, les gousses d'ail et les échalotes, et cuire 12 à 15 minutes à feu doux, en remuant souvent, jusqu'à ce que les légumes soient dorés, croustillants et tendres.

2 Entre-temps, farcir le ventre du poisson avec des tranches de citron, coupées en deux si nécessaire, de l'ail, du persil, du thym, de la sauge et des échalotes, saler et poivrer généreusement. Envelopper chaque poisson d'un morceau de jambon de Parme et maintenir fermé à l'aide d'une pique à cocktail.

3 Disposer les poissons sur une lèchefrite et cuire au gril préchauffé à haute température , 5 à 6 minutes de chaque côté, jusqu'à ce qu'ils soient tendres.

4 Pour la sauce, battre l'huile d'olive et le jus de citron, et incorporer le persil et la ciboulette finement hachés. Saler et poivrer selon son goût.

5 Répartir les pommes de terre et les échalotes dans 4 assiettes et ajouter le poisson. Verser la sauce autour du poisson et servir immédiatement.

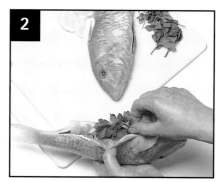

Truite arc-en-ciel pochée

Ce plat coloré est servi froid et constitue un agréable déjeuner ou dîner estival.

4 personnes

INGRÉDIENTS

4 truites arc-en ciel de 375 g chacune,
  nettoyées
700 g de pommes de terre nouvelles
3 oignons verts, finement hachés
1 œuf dur, haché

COURT-BOUILLON
850 ml d'eau froide
850 ml de vin blanc sec
2 grosses carottes, grossièrement
  hachées

1 oignon, grossièrement haché
2 branches de céleri, grossièrement
  hachées
2 poireaux, grossièrement hachés
2 gousses d'ail, grossièrement hachées
2 feuilles de laurier frais
4 brins de persil frais
4 brins de thym frais
6 grains de poivre noir
1 cuil. à café de sel
3 cuil. à soupe de vinaigre de vin blanc

MAYONNAISE AU CRESSON
1 jaune d'œuf
1 cuil. à café de moutarde de Dijon
1 cuil. à café de vinaigre de vin blanc
50 g de cresson, haché
225 ml d'huile d'olive légère
sel et poivre

1 Pour le court-bouillon, mettre tous les ingrédients dans une grande casserole, porter à ébullition à feu doux et couvrir. Laisser mijoter 30 minutes, passer le liquide au chinois au-dessus d'une casserole propre et porter à ébullition. Cuire à gros bouillons 15 à 20 minutes jusqu'à ce que le court-bouillon ait réduit et qu'il en reste environ 600 ml.

2 Mettre les truites dans une poêle, ajouter le court-bouillon, et porter doucement à ébullition. Retirer du feu et laisser refroidir le poisson dans le court-bouillon.

3 Pour la mayonnaise au cresson, mettre le jaune d'œuf, la moutarde, le cresson et le vinaigre dans un robot de cuisine et mixer 30 secondes. Ajouter l'huile, goutte à goutte d'abord, jusqu'à ce que la préparation épaississe, puis en un filet continu jusqu'à ce que toute l'huile soit incorporée. Ajouter un peu d'eau chaude si la préparation est trop épaisse, saler et poivrer selon son goût. Réserver.

4 Cuire les pommes de terre dans une casserole d'eau bouillante salée 12 à 15 minutes, jusqu'à ce qu'elles soient tendres, égoutter et rafraîchir à l'eau courante. Laisser refroidir.

5 Lorsqu'elles sont froides, couper les pommes de terre les plus grosses en deux et les mélanger à la mayonnaise au cresson, aux oignons et à l'œuf dur.

6 Retirer délicatement le poisson du jus de pochage, égoutter sur du papier absorbant et retirer délicatement la peau de chaque truite. Disposer les truites dans des assiettes avec la salade de pommes de terre, et servir immédiatement.

Saumon au four

*Un plat qui s'intégrera à merveille dans un buffet pour un déjeuner ou un dîner,
il peut être servi chaud ou froid.*

8 à 10 personnes

INGRÉDIENTS

3 kg de saumon, levé en deux filets

8 cuil. à soupe de mélange de fines herbes fraîches hachées

2 cuil. à soupe de grains de poivre vert en saumure, égouttés

1 cuil. à café de zeste de citron vert finement râpé

6 cuil. à soupe de vermouth sec ou de vin blanc sec

sel et poivre

brins de persil, en garniture

CONDIMENT AU POIVRON ROUGE

120 ml de vinaigre de vin blanc

300 ml d'huile d'olive légère

1 ou 2 cuil. à café de sauce au piment, selon son goût

6 oignons verts, finement émincés

1 poivron rouge ou orange, épépiné et finement émincé

1 cuil. à soupe de persil plat frais haché

2 cuil. à soupe de ciboulette fraîche hachée

MAYONNAISE AUX CÂPRES ET AUX CORNICHONS

350 ml de mayonnaise de bonne qualité

3 cuil. à soupe de câpres hachées

3 cuil. à soupe de cornichons finement hachés

2 cuil. à soupe de persil plat frais haché

1 cuil. à café de moutarde de Dijon

1 Laver, sécher le saumon, et placer 1 filet, peau vers le bas, sur une feuille de papier d'aluminium graissée. Mélanger les fines herbes, le poivre, le zeste de citron vert et repartir sur le poisson. Saler, poivrer et couvrir avec le deuxième filet, peau au-dessus. Arroser de vermouth, et refermer le papier d'aluminium en une papillote lâche mais hermétique.

2 Transférer la papillote sur une grande plaque de four, cuire au four préchauffé, à 120 °C (th. 4), 1 h 30, jusqu'à ce que le poisson soit tendre, et retirer du four. Réserver 20 minutes avant de servir.

3 Pour le condiment au poivron rouge, fouetter le vinaigre, l'huile d'olive et la sauce au piment, ajouter les oignons verts, le poivron rouge ou orange, le persil et la ciboulette hachée. Saler, poivrer et réserver.

4 Pour la mayonnaise aux câpres et aux cornichons, mélanger les ingrédients et réserver.

5 Retirer le saumon des papillotes, couper en tranches épaisses, et disposer les tranches de saumon dans un grand plat de service. Servir avec le condiment au poivron rouge et la mayonnaise aux câpres et aux cornichons, et garnir de brins de persil frais.

Lotte au barbecue

*La lotte est un poisson idéal pour la cuisson au barbecue
car sa chair est ferme.*

4 personnes

INGRÉDIENTS

4 cuil. à soupe d'huile d'olive
zeste râpé d'un citron vert
2 cuil. à café de sauce de poisson thaïe
2 gousses d'ail, hachées

1 cuil. à café de gingembre frais râpé
2 cuil. à soupe de basilic frais haché
700 g de filet de lotte, coupé
  en cubes

2 citrons verts, coupés chacun
  en six quartiers
sel et poivre

1 Mélanger l'huile d'olive, le zeste de citron vert, la sauce de poisson, l'ail, le gingembre et le basilic dans une grande terrine, saler et poivrer. Réserver.

2 Laver, sécher le poisson, et ajouter à la marinade. Bien remuer, couvrir de film alimentaire et laisser mariner 2 heures, en remuant de temps en temps.

3 Retirer les morceaux de lotte de la marinade et piquer sur des brochettes (les brochettes en bambou doivent préalablement tremper 30 minutes dans l'eau froide pour ne pas brûler à la cuisson), en alternant avec les quartiers de citron.

4 Cuire les brochettes au un barbecue ou sur un gril en fonte à fond rainuré préchauffé, 5 à 6 minutes, en retournant régulièrement, jusqu'à ce que le poisson soit tendre, et servir immédiatement.

VARIANTE

Préparez cette recette avec n'importe quelle variété de poisson blanc. Salez le poisson et réservez-le 2 heures pour raffermir la chair, avant de le rincer, de le sécher et de le plonger dans la marinade.

Fish and chips

Voici une recette indispensable. Une pâte à frire croquante et dorée qui agrémente parfaitement le poisson cuit, servi avec des frites croustillantes. Si vous ne dégustez jamais les frites avec de la mayonnaise, essayez-en une version plus relevée, vous serez convaincu.

4 personnes

INGRÉDIENTS

900 g de vieilles pommes de terre
4 filets de cabillaud épais de 175 g
   chacun
huile, pour la friture
sel et poivre
brins de persil frais, en garniture

PÂTE
15 g de levure de boulanger
300 ml de bière
225 g de farine
2 cuil. à café de sel

MAYONNAISE
1 jaune d'œuf

1 cuil. à café de moutarde à l'ancienne
1 cuil. à soupe de jus de citron
200 ml d'huile d'olive légère
sel et poivre

GARNITURE
quartiers de citron
brins de persil

1 Pour la pâte, battre la levure dans un peu de bière jusqu'à obtention d'une pâte homogène, et ajouter petit à petit le reste de bière. Tamiser la farine et le sel dans une terrine, ménager un puits au centre et ajouter le mélange à base de levure et de bière. Mélanger jusqu'à obtention d'une pâte homogène, couvrir et réserver 1 heure.

2 Pour la mayonnaise, mettre le jaune d'œuf, la moutarde, le jus de citron, le sel et le poivre dans un

robot de cuisine et mixer 30 secondes, jusqu'à ce que le mélange devienne mousseux. Ajouter petit à petit l'huile, goutte à goutte d'abord, jusqu'à ce que la préparation épaississe puis en un mince filet continu jusqu'à ce que toute l'huile soit incorporée. Rectifier l'assaisonnement si nécessaire, ajouter un peu d'eau chaude si elle est trop épaisse et réserver au réfrigérateur.

3 Couper les pommes de terre en frites de 1,5 cm d'épaisseur. Chauffer une grande sauteuse à moitié remplie d'huile à 140 °C (un dé de pain doit y dorer en 1 minute), cuire les frites, en deux fois, 5 minutes, sans laisser dorer, jusqu'à ce qu'elles soient cuites à cœur, et mettre les frites sur du papier absorbant. Réserver.

4 Augmenter la température de l'huile à 160 °C, un dé

de pain doit y dorer en 45 secondes. Saler, poivrer le poisson et le plonger dans la pâte. Frire les morceaux de poisson deux par deux, 7 à 8 minutes, jusqu'à ce qu'ils soient bien dorés, égoutter sur du papier absorbant et réserver au chaud pendant la cuisson du reste de poisson. Réserver au chaud pendant la seconde cuisson des frites.

5 Augmenter la température de l'huile à 190 °C (un dé de pain doit y dorer en 30 secondes), cuire les frites, en deux fois, 2 à 3 minutes jusqu'à ce qu'elles soient dorées et croustillantes, et égoutter sur du papier absorbant. Saler.

6 Garnir de brins de persil frais et de quartiers de citron, et servir chaud, accompagné des frites et de la mayonnaise.

Goujonnettes d'églefin

La focaccia est un pain italien à base d'huile d'olive. Elle peut être aromatisée avec des fines herbes,
des tomates séchées au soleil et des olives. Vous en trouverez dans la plupart des supermarchés.

4 personnes

INGRÉDIENTS

175 g de focaccia aux fines herbes
700 g de filet d'églefin, sans la peau
2 à 3 cuil. à soupe de farine
2 œufs, légèrement battus
huile, pour la friture
quartiers de citron, en accompagnement
brins de persil, en garniture

SAUCE TARTARE
1 jaune d'œuf
1 cuil. à café de moutarde de Dijon
2 cuil. à café de vinaigre de vin blanc
150 ml d'huile d'olive légère
1 cuil. à café d'olives vertes finement
   hachées

1 cuil. à café de cornichons finement
   hachés
1 cuil. à café de câpres finement
   hachées
2 cuil. à café de ciboulette fraîche hachée
2 cuil. à café de persil frais haché
sel et poivre

1 Mettre la focaccia dans un robot de cuisine, réduire en fines miettes et réserver. Couper l'églefin en lanières dans la largeur. Mettre la farine, les œufs battus et la chapelure dans des terrines séparées.

2 Plonger le poisson dans la farine, dans les œufs puis dans la chapelure, poser sur une assiette et réserver 30 minutes au réfrigérateur. Pour la sauce tartare, mettre le jaune d'œuf, la moutarde, le vinaigre, le sel et le poivre dans un robot de cuisine

et mixer 30 secondes jusqu'à ce que le mélange devienne mousseux. Ajouter petit à petit l'huile d'olive, d'abord goutte à goutte, jusqu'à ce que la préparation épaississe, puis en un mince filet continu, jusqu'à ce que l'huile soit incorporée.

3 Retirer du robot de cuisine, mettre dans une terrine avec les olives, les cornichons, les câpres, la ciboulette et le persil, et vérifier l'assaisonnement. Ajouter un peu d'eau chaude si la sauce est trop épaisse.

4 Chauffer une grande sauteuse à moitié remplie d'huile à 190 °C (un dé de pain doit y dorer en 30 secondes), cuire les goujonnettes par trois ou quatre, 3 à 4 minutes, jusqu'à ce que la panure soit dorée et croustillante, et que le poisson soit cuit, et égoutter sur du papier absorbant. Réserver au chaud pendant la cuisson du poisson restant.

5 Servir immédiatement avec la sauce tartare et les quartiers de citron.

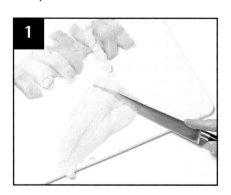

Steaks d'espadon

*La salsa verde – sauce verte – est un classique de la gastronomie italienne.
Elle est préparée à base de fines herbes, d'ail et d'anchois.*

4 personnes

INGRÉDIENTS

4 steaks d'espadon de 150 g chacun
4 cuil. à soupe d'huile d'olive
1 gousse d'ail, hachées
1 cuil. à café de zeste de citron
quartiers de citron, en garniture

SALSA VERDE
25 g de feuilles de persil plat frais
15 g de mélange de fines herbes (basilic,
menthe et ciboulette par exemple)
1 cuil. à soupe de câpres, rincées
et égouttées
1 cuil. à soupe de grains de poivre vert
en saumure, égouttés

1 gousse d'ail, hachée
4 anchois à l'huile, égouttés
et grossièrement hachés
1 cuil. à café de moutarde de Dijon
120 ml d'huile d'olive vierge extra
sel et poivre

1 Laver, sécher les steaks d'espadon et mettre dans une terrine non métallique. Mélanger l'huile d'olive, l'ail et le zeste de citron, verser sur l'espadon et laisser mariner 2 heures.

2 Pour la salsa verde, mettre le persil, les fines herbes, l'ail, les câpres, les grains de poivre vert, les anchois, la moutarde et l'huile d'olive dans un robot de cuisine, et mixer jusqu'à obtention d'une pâte homogène, en ajoutant un peu d'eau

chaude si nécessaire. Saler, poivrer selon son goût et réserver.

3 Retirer les steaks d'espadon de la marinade, cuire au barbecue ou sur un gril en fonte à fond rainuré préchauffé, 2 à 3 minutes de chaque côté jusqu'à ce qu'ils soient tendres, et servir avec la salsa verde et les quartiers de citron.

VARIANTE

*Vous pouvez utiliser différents poissons
à chair ferme. Essayez le thon
ou le requin.*

Fajitas d'espadon ou de thon

*Les fajitas sont habituellement composées de poulet ou d'agneau mais une préparation
à base de poisson à chair ferme comme de l'espadon ou du thon est aussi délicieuse.*

4 personnes

INGRÉDIENTS

3 cuil. à soupe d'huile d'olive

2 cuil. à café de poudre de piment

1 cuil. à café de cumin en poudre

1 pincée de poivre de Cayenne

1 gousse d'ail, hachée

900 g d'espadon ou de thon

1 poivron rouge, épépiné
et finement émincé

1 poivron jaune, épépiné
et finement émincé

2 courgettes, en julienne

1 gros oignon, finement émincé

12 tortillas

1 cuil. à soupe de jus de citron

3 cuil. à soupe de coriandre fraîche
hachée

sel et poivre

150 ml de crème aigre,
en accompagnement

GUACAMOLE

1 gros avocat

1 tomate, mondée, épépinée
et coupée en dés

1 gousse d'ail, hachée

1 trait de Tabasco

2 cuil. à soupe de jus de citron

sel et poivre

1 Mélanger l'huile d'olive,
la poudre de piment, le cumin,
le poivre de Cayenne et l'ail.
Couper l'espadon en cubes, ajouter
la marinade et remuer pour bien
enrober le poisson. Réserver
1 à 2 heures.

2 Chauffer une poêle, lorsqu'elle est
très chaude, ajouter le poisson
et sa marinade et cuire 2 minutes,
en remuant de temps en temps, jusqu'à
ce que le poisson commence à dorer.
Ajouter les poivrons rouge et jaune,
les courgettes et l'oignon, et cuire
encore 5 minutes jusqu'à ce que
les légumes aient légèrement ramolli.

3 Réchauffer les tortillas au four
traditionnel ou au four micro-
ondes, selon les instructions figurant
sur le paquet.

4 Pour le guacamole, réduire
l'avocat en purée presque lisse,
ajouter la tomate, l'ail, le Tabasco,
le jus de citron, le sel et le poivre.

5 Ajouter le jus de citron,
la coriandre, du sel et du poivre
dans la préparation au poisson, en
verser une petite quantité sur chaque
tortilla, et garnir de guacamole et
d'une cuillerée de crème aigre. Rouler.

Gratin de poisson fumé

Un livre de cuisine dédié au poisson ne serait pas complet sans une recette de gratin. Cette variante se compose de poisson fumé, de crevettes et de légumes recouverts d'une croûte de pommes de terre.

6 personnes

INGRÉDIENTS

2 cuil. à soupe d'huile d'olive
1 oignon, finement haché
1 poireau, finement émincé
1 carotte, coupée en dés
1 branche de céleri, coupée en dés
115 g de champignons de Paris,
    coupés en deux pour les plus gros
zeste râpé d'un citron
375 g de filet de morue ou de haddock,
    sans la peau, coupé en dés
375 g de poisson blanc (églefin, colin
    ou lotte), sans la peau, coupé en dés

225 g de crevettes roses cuites,
    décortiquées
2 cuil. à soupe de persil frais haché
1 cuil. à soupe d'aneth frais haché
petits légumes vapeur

SAUCE
50 g de beurre
40 g de farine
1 cuil. à café de poudre de moutarde
600 ml de lait
80 g de gruyère, râpé

GARNITURE
750 g de pommes de terre
50 g de beurre, fondu
25 g de gruyère, râpé
sel et poivre

1 Pour la sauce, faire fondre le beurre dans une grande casserole, incorporer la farine et la poudre de moutarde, et bien mélanger. Cuire à feu très doux 2 minutes, sans laisser dorer, incorporer le lait et remuer jusqu'à obtention d'une consistance homogène. Cuire à feu doux 2 minutes, ajouter le fromage et faire fondre jusqu'à ce qu'il soit lisse.

Retirer du feu, couvrir de film alimentaire pour éviter la formation d'une pellicule et réserver.

2 Pour la garniture, cuire les pommes de terre 15 minutes dans une casserole d'eau salée, égoutter et laisser refroidir.

3 Chauffer l'huile dans une casserole, ajouter l'oignon et cuire 5 minutes à feu doux, jusqu'à ce qu'il soit fondant. Ajouter le poireau, la carotte, le céleri et les champignons et cuire 10 minutes jusqu'à ce que les légumes soient tendres. Ajouter le zeste de citron et cuire brièvement.

4 Ajouter les légumes cuits, le poisson, les crevettes, le persil

et l'aneth à la sauce. Saler, poivrer et mettre la préparation dans un plat allant au four graissé d'une contenance de 1,7 l.

5 Éplucher, râper grossièrement les pommes de terre et incorporer le beurre fondu. Étaler les pommes de terre dans le plat allant au four et parsemer de gruyère râpé.

6 Couvrir d'une feuille de papier d'aluminium et cuire au four préchauffé, à 200 °C (th. 6-7), 30 minutes. Enlever le papier d'aluminium, cuire encore 30 minutes, jusqu'à ce que la garniture soit tendre et la surface gratinée, et servir immédiatement accompagné de petits légumes vapeur.

Darnes de colin à la chermoula

Le temps de cuisson peut sembler long et vous pouvez le réduire légèrement si vous le souhaitez, mais, au Maroc, on aime déguster le poisson bien cuit.

4 personnes

INGRÉDIENTS

4 darnes de colin de 225 g chacune
115 g d'olives vertes dénoyautées

MARINADE
6 cuil. à soupe de coriandre fraîche finement hachée
6 cuil. à soupe de persil frais finement haché
6 gousses d'ail, hachées

1 cuil. à soupe de paprika
1 cuil. à soupe de cumin en poudre
1 cuil. à café de coriandre en poudre
1 pincée de poivre de Cayenne
150 ml de jus de citron frais
300 ml d'huile d'olive

1 Pour la marinade, mélanger la coriandre et le persil hachés, l'ail, le cumin, la coriandre en poudre, le paprika, le poivre de Cayenne, le jus de citron et l'huile d'olive dans une terrine.

2 Laver, sécher les darnes de colin et mettre dans un plat non métallique. Verser la marinade sur le poisson et réserver au moins 1 heure, une nuit entière si possible.

3 Parsemer le poisson d'olives et couvrir de papier d'aluminium.

4 Cuire au four préchauffé, à 160 °C (th. 5-6), 35 à 40 minutes, jusqu'à ce que le poisson soit tendre, accompagner de légumes et servir

VARIANTE

Retirez le poisson de la marinade et saupoudrez-le de farine assaisonnée. Faites-le dorer dans de l'huile ou du beurre clarifié. Réchauffez doucement la marinade et proposez-la en sauce, avec des tranches de citron.

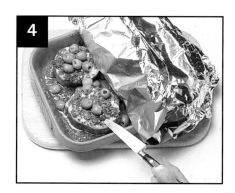

Maquereaux farcis

Ce plat est une variante simple d'une recette difficile du Moyen-Orient,
qui nécessite d'ôter la chair du poisson, de la préparer, puis d'en farcir
à nouveau le poisson.

4 personnes

INGRÉDIENTS

4 gros maquereaux, nettoyés
1 cuil. à soupe d'huile d'olive
1 petit oignon, finement émincé

1 cuil. à café de cannelle en poudre
½ cuil. à café de gingembre en poudre
2 cuil. à soupe de raisins secs

2 cuil. à soupe de pignons, grillés
8 feuilles de vigne en saumure, égouttées
sel et poivre

1 Laver l'intérieur et l'extérieur des maquereaux, sécher et réserver. Chauffer l'huile dans une petite poêle, ajouter l'oignon et cuire 5 minutes à feu doux, en remuant de temps en temps, jusqu'à ce qu'il soit fondant. Incorporer la cannelle et le gingembre, et cuire 30 secondes. Ajouter les raisins et les pignons, retirer la poêle du feu et laisser refroidir.

2 Farcir chaque poisson d'un quart de la farce obtenue, envelopper les poissons avec 2 feuilles de vigne, et maintenir fermé à l'aide d'une pique à cocktail.

3 Cuire au barbecue ou sur un gril en fonte à fond rainuré préchauffé, 5 minutes de chaque côté jusqu'à ce que les feuilles de vigne soient roussies et le poisson tendre, et servir immédiatement.

VARIANTE

Cette farce convient également
pour d'autres poissons, dont le bar
et le rouget-barbet.

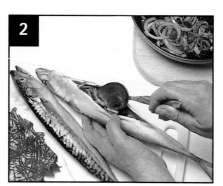

Galettes de thon

Ces galettes de poisson constitueront un succulent dîner.

4 personnes

INGRÉDIENTS

225 g de pommes de terre, coupées
   en dés
1 cuil. à soupe d'huile d'olive
1 grosse échalote, finement hachée
1 gousse d'ail, finement hachée
1 cuil. à café de feuilles de thym
2 boîtes de 200 g de thon à l'huile
   d'olive, égoutté

zeste râpé d'un demi-citron
1 cuil. à soupe de persil frais haché
2 ou 3 cuil. à soupe de farine
1 œuf, légèrement battu
115 g de chapelure
huile, pour la friture
sel et poivre

SAUCE TOMATE MINUTE
2 cuil. à soupe d'huile d'olive
400 g de tomates concassées en boîte
1 gousse d'ail, hachée
1/2 cuil. à café de sucre
zeste râpé d'un demi-citron
1 cuil. à soupe de basilic frais haché
sel et poivre

1 Pour les galettes de thon, cuire les pommes de terre à l'eau bouillante salée 12 à 15 minutes jusqu'à ce qu'elles soient tendres, réduire en purée non homogène et réserver.

2 Chauffer l'huile d'olive dans une petite poêle, ajouter l'échalote et cuire 5 minutes à feu très doux, jusqu'à ce qu'elle soit fondante. Ajouter l'ail et le thym, cuire encore 1 minute et laisser tiédir. Incorporer aux pommes de terre avec le thon,

le zeste de citron et le persil, saler et poivrer. Mélanger sans trop remuer.

3 Façonner la préparation en 6 à 8 galettes. Fariner les galettes, les tremper dans l'œuf et dans la chapelure, et réserver 30 minutes au réfrigérateur.

4 Pour la sauce tomate, mettre l'huile d'olive, l'ail, les tomates, le sucre, le zeste de citron, le basilic, le sel et le poivre dans une casserole, porter à ébullition et couvrir. Laisser

mijoter 30 minutes, découvrir et laisser mijoter encore 15 minutes jusqu'à épaississement.

5 Bien huiler le fond d'une poêle et chauffer. Faire frire les galettes 3 à 4 minutes de chaque côté, en procédant en plusieurs fois, jusqu'à ce qu'elles soient dorées et croustillantes, égoutter sur du papier absorbant et servir avec la sauce tomate.

Sardines au pistou

Elles constitueront un dîner délicieux pour un soir de semaine. Utilisez un pistou de bonne qualité déjà préparé, pour un plat encore plus rapide à confectionner.

4 personnes

INGRÉDIENTS

16 grosses sardines, écaillées et vidées
50 g de feuilles de basilic frais
2 gousses d'ail, hachées

2 cuil. à soupe de pignons, grillés
50 g de parmesan, fraîchement râpé
150 ml d'huile d'olive

tranches de citron,
   en accompagnement
sel et poivre

1 Laver l'intérieur et l'extérieur des sardines, sécher et disposer sur une grille au-dessus d'une lèchefrite.

2 Hacher finement les feuilles de basilic, l'ail et les pignons dans un robot de cuisine, et mélanger dans une terrine avec le parmesan et l'huile. Saler et poivrer selon son goût.

3 Étaler une petite quantité de pistou sur une face des sardines, passer au gril préchauffé à haute température, 3 minutes, et retourner le poisson. Étaler un peu de pistou

et remettre 3 minutes au gril, jusqu'à ce que les sardines soient cuites.

4 Servir immédiatement avec du pistou et des tranches de citron.

VARIANTE

Remplacez les sardines par d'autres petits poissons gras, comme les harengs.

Frittata au saumon

La frittata est une omelette italienne cuite à feu doux, similaire à la tortilla espagnole.
Ici elle est préparée à base de saumon poché.

6 personnes

INGRÉDIENTS

250 g de filet de saumon,
   sans la peau
3 brins de thym frais
brins de persil frais, plus 2 cuil.
   à soupe de persil frais haché
5 grains de poivre noir
$1/2$ petit oignon, émincé
$1/2$ branche de céleri, émincée
$1/2$ carotte, hachée

175 g de pointes d'asperges, hachées
80 g jeunes carottes, coupées en deux
50 g de beurre
1 gros oignon, finement émincé
1 gousse d'ail, finement hachée
115 g de petits pois, frais
   ou surgelés
8 œufs, légèrement battus
1 cuil. à soupe d'aneth frais haché

sel et poivre
quartiers de citron, en garniture

ACCOMPAGNEMENT
crème fraîche
salade
pain frais

1 Mettre le saumon dans
une grande casserole avec 1 brin
de thym, le brin de persil, les grains
de poivre, les oignons, le céleri
et la carotte, recouvrir les légumes
et le poisson d'eau froide et porter
à ébullition à feu doux. Retirer
la casserole du feu, réserver
5 minutes et retirer le poisson
de l'eau de cuisson. Émietter la chair
du saumon, réserver et jeter l'eau
de cuisson.

2 Porter une grande casserole d'eau
salée à ébullition et blanchir
les asperges 2 minutes. Égoutter
et rafraîchir à l'eau courante. Blanchir
les carottes 4 minutes, égoutter
et rafraîchir à l'eau courante. Égoutter
de nouveau, sécher et réserver.

3 Chauffer la moitié du beurre dans
une grande poêle, ajouter
les oignons et cuire 8 à 10 minutes à feu
doux, en remuant de temps en temps,

jusqu'à ce qu'ils soient fondants.
Ajouter l'ail et les autres brins de thym
et cuire 1 minute. Ajouter les asperges,
les carottes et les petits pois, réchauffer
et retirer la casserole du feu.

4 Ajouter les légumes aux œufs
battus avec le persil haché,
l'aneth, le saumon, le sel et le poivre
et remuer brièvement. Chauffer
le reste de beurre dans la casserole,
remettre la préparation et couvrir.
Cuire 10 minutes à feu doux.

5 Cuire 5 minutes au gril
préchauffé à température
moyenne, jusqu'à ce que la frittata
soit cuite et dorée, servir chaud
ou froid, nappé d'une cuillerée
de crème fraîche et accompagnée
de salade et de pain frais. Garnir
de quartiers de citron.

Brochettes de la mer

Pour préparer cette recette, commandez à votre poissonnier un gros steak de turbot et coupez-le en gros morceaux.

4 personnes

INGRÉDIENTS

225 g de filet de turbot, sans la peau
225 g de filet de saumon, sans la peau
8 noix de Saint-Jacques
8 gambas ou langoustines
16 feuilles de laurier frais
1 citron, émincé
4 cuil. à soupe d'huile d'olive
zeste râpé d'un citron
poivre noir

4 cuil. à soupe de mélange de fines
herbes hachées (thym, persil,
ciboulette et basilic par exemple)

RIZ AU BEURRE CITRONNÉ
175 g de riz long grain
zeste râpé et jus d'un citron
50 g de beurre
sel et poivre

GARNITURE
quartiers de citron
brins d'aneth

1 Couper les filets de turbot et de saumon en 8 morceaux, piquer sur 8 brochettes, avec les noix de Saint-Jacques et les gambas ou langoustines, en alternant avec les feuilles de laurier et les tranches de citron, et mettre les brochettes dans un plat non métallique, en une seule couche si possible.

2 Mélanger l'huile d'olive, le zeste de citron, les fines herbes et le poivre, verser sur le poisson et couvrir. Laisser mariner 2 heures, en retournant une ou deux fois.

3 Pour le riz au beurre citronné, porter un fait-tout d'eau légèrement salée à ébullition, ajouter le riz et le zeste de citron, et porter de nouveau à ébullition. Laisser mijoter à feu moyen 10 à 15 minutes, jusqu'à ce que le riz soit tendre, égoutter et incorporer le jus de citron et le beurre. Saler et poivrer selon son goût.

4 Retirer les brochettes de poisson de leur marinade et cuire au barbecue ou sur un gril préchauffé à haute température, 8 à 10 minutes, en les retournant souvent, jusqu'à ce que le poisson soit cuit à cœur, et servir avec le riz au beurre citronné. Garnir de quartiers de citron et de brins d'aneth.

Noix de Saint-Jacques grillées

Ces noix de Saint-Jacques sont marinées et servies accompagnées d'un couscous aux légumes colorés et aux herbes aromatiques.

4 personnes

INGRÉDIENTS

16 grosses noix de Saint-Jacques
3 cuil. à soupe d'huile d'olive
zeste râpé d'un citron vert
2 cuil. à soupe de basilic frais haché
2 cuil. à soupe de ciboulette fraîche hachée
1 gousse d'ail, finement hachée
poivre noir

TABOULÉ
225 g de couscous
½ poivron rouge, épépiné et coupé en deux
½ poivron jaune, épépiné et coupé en deux
4 cuil. à soupe d'huile d'olive vierge extra
3 oignons verts, finement hachés

115 g de concombre, coupé en dés de 1 cm
1 cuil. à soupe de jus de citron vert
2 cuil. à soupe de basilic frais ciselé
sel et poivre

GARNITURE
feuilles de basilic
quartiers de citron vert

1 Nettoyer les noix de Saint-Jacques, parer et mettre dans une terrine non métallique. Mélanger l'huile d'olive, le zeste de citron, le basilic, la ciboulette, l'ail et le poivre noir, verser sur les noix de Saint-Jacques et bien mélanger. Couvrir de film alimentaire et laisser mariner 2 heures.

2 Cuire le couscous selon les instructions figurant sur le paquet, en omettant le beurre recommandé. Badigeonner les demi-poivrons avec un peu d'huile d'olive, cuire au gril préchauffé à haute température, 5 à 6 minutes, en les retournant une fois, jusqu'à ce que la peau noircisse et que la pulpe soit tendre, et mettre dans un sac en plastique. Laisser refroidir, lorsque les poivrons sont froids, enlever la peau et couper la chair en dés de 1 cm. Ajouter le reste d'huile d'olive dans le couscous avec le concombre, les oignons verts et le jus de citron vert, saler et poivrer. Réserver.

3 Retirer les noix de Saint-Jacques de la marinade, piquer sur 4 brochettes et cuire 1 minute de chaque côté au barbecue ou sur un gril en fonte à fond rainuré, jusqu'à ce que la chair soit grillée et ferme, mais pas complètement cuite. Retirer du feu et laisser reposer 2 minutes.

4 Ajouter le basilic ciselé dans le couscous, répartir dans des assiettes avec les brochettes et garnir de feuilles basilic et de quartiers citron vert.

Röstis de crevettes

*Ces petits röstis de légumes et de crevettes sont parfaits servis pour un déjeuner
ou un dîner léger, simplement accompagnés d'une salade.*

4 personnes

INGRÉDIENTS

350 g de pommes de terre
350 g de céleri-rave
1 carotte
$^1\!/_2$ petit oignon
225 g de crevettes roses cuites
   décortiquées, fraîches
   ou décongelées, parfaitement
   égouttées sur du papier absorbant
25 g de farine
1 œuf, légèrement battu

huile, pour la friture
sel et poivre

SAUCE AUX TOMATES CERISES
225 g de tomates cerises variées
   (mini-tomates allongées, tomates
   cerises jaune, orange et poire
   par exemple), coupées en quatre
1 piment rouge, épépiné et finement
   haché

$^1\!/_2$ petite mangue, coupée en dés
$^1\!/_2$ petit oignon rouge, finement haché
1 cuil. à soupe de coriandre fraîche
   hachée
1 cuil. à soupe de ciboulette fraîche
   hachée
2 cuil. à soupe d'huile d'olive
2 cuil. à café de jus de citron
sel et poivre

1 Mélanger les tomates,
la mangue, le piment, l'oignon
rouge, la coriandre, la ciboulette,
l'huile d'olive et le jus de citron, saler
et poivrer. Laisser les arômes infuser.

2 À l'aide d'un robot de cuisine
ou d'une râpe, râper finement
le céleri-rave, la carotte et l'oignon.
Mélanger les crevettes, la farine
et l'œuf, saler et poivrer
généreusement. Réserver.

3 Diviser la préparation
aux crevettes en 8 portions
et les tasser dans des emporte-pièces
graissés de 10 cm.

4 Dans une grande poêle, chauffer
une mince couche d'huile,
ajouter les röstis de crevettes dans leur
emporte-pièce, en procédant en
plusieurs fois si nécessaire. Faire
grésiller l'huile sous la galette, retirer
l'emporte-pièce et faire frire à feu

doux, en appuyant à l'aide d'une
spatule, 6 à 8 minutes de chaque côté,
jusqu'à ce que les röstis soient
croustillants et dorés, et les légumes
tendres. Bien égoutter sur du papier
absorbant et servir les röstis
de crevettes immédiatement, avec
la sauce tomate.

Moules marinières

*Les Espagnols, les Français et les Italiens servent des variantes de cette simple recette,
appréciée dans le monde entier. Utilisez les moules les plus fraîches possible.*

4 personnes

INGRÉDIENTS

900 g de moules fraîches
2 échalotes, finement hachées
2 gousses d'ail, finement hachées
150 ml de vin blanc
2 cuil. à soupe de persil frais haché
sel et poivre

FRITES
900 g de pommes de terre
huile, pour la friture
sel

ACCOMPAGNEMENT (FACULTATIF)
quartiers de citron
mayonnaise

1 Nettoyer les moules
en les grattant et en les ébarbant.
Jeter celles dont la coquille est cassée
ou qui restent ouvertes quand
on les manipule.

2 Couper les pommes de terre
en frites de 1 cm d'épaisseur.
Remplir une friteuse ou une casserole
environ au tiers d'huile et chauffer
à 140 °C, un dé de pain doit y dorer
en 1 minute. Ajouter les frites, cuire
en trois fois, 5 à 6 minutes, sans
laisser dorer, jusqu'à ce qu'elles soient

tendres, et bien égoutter sur du papier
absorbant.

3 Mettre les moules dans
un fait-tout avec les échalotes,
l'ail et le vin blanc, couvrir et cuire
3 à 4 minutes à feu vif, en secouant
de temps en temps le fait-tout, jusqu'à
ce que toutes les moules soient
ouvertes. Jeter celles qui restent
fermées. Ajouter le persil, saler
et poivrer selon son goût. Réserver
au chaud pendant la cuisson
des frites.

4 Augmenter la température
de l'huile à 190 °C (un dé
de pain doit y dorer en 30 secondes),
faire dorer les frites, en 3 fois,
2 à 3 minutes jusqu'à ce qu'elles
soient croustillantes, et égoutter sur
du papier absorbant. Saler.

5 Répartir les moules dans
4 grandes assiettes à soupe,
répartir les frites dans des bols
et servir éventuellement accompagné
de quartiers de citron et d'une bonne
quantité de mayonnaise.

Moules à la provençale

Cette recette associe sur les saveurs méditerranéennes typiques des tomates, du vin rouge, des fines herbes et de l'ail pour obtenir une marmite de moules savoureuse.

4 personnes

INGRÉDIENTS

900 g de moules fraîches
3 cuil. à soupe d'huile d'olive
1 oignon, finement haché
3 gousses d'ail, finement hachées

2 cuil. à café de feuilles de thym frais
150 ml de vin rouge
2 boîtes de 400 g de tomates
concassées

2 cuil. à soupe de persil frais haché
sel et poivre
pain frais, en accompagnement

1 Nettoyer les moules en les grattant et en les ébarbant. Jeter celles dont la coquille est cassée ou qui restent ouvertes quand on les manipule. Mettre les moules dans une fait-tout avec une petite quantité d'eau, couvrir et cuire 3 à 4 minutes à feu vif, jusqu'à ce que toutes les moules soient ouvertes. Jeter celles qui restent fermées. Bien égoutter en réservant le jus de cuisson. Réserver.

2 Chauffer l'huile dans une grande casserole, ajouter les oignons et cuire, 8 à 10 minutes à feu doux, en remuant de temps en temps, jusqu'à ce qu'ils soient fondants, sans laisser dorer. Ajouter l'ail et le thym, et cuire 1 minute. Mouiller avec le vin rouge et laisser mijoter, jusqu'à ce que la sauce ait réduit et soit devenue onctueuse. Ajouter les tomates et le jus de cuisson des moules filtré, porter à ébullition et couvrir. Laisser mijoter 30 minutes, découvrir et cuire encore 15 minutes.

3 Ajouter les moules, cuire encore 5 minutes et incorporer le persil haché. Saler et poivrer selon son goût et servir avec du pain frais.

VARIANTE

Remplacez les moules par une quantité égale de clams.

Pâtes, Riz & autres céréales

Les nutritionnistes contemporains préconisent
un régime à haute teneur en glucides complexes
dont pâtes, riz, pommes de terre, pain et céréales font
partie. En basant votre alimentation sur ce groupe
d'aliments, vous aurez suffisamment d'énergie
pour éviter toute chute du taux de glycémie,
responsable du grignotage.

Ce chapitre présente un large éventail de recettes autour
de ces aliments. Les pâtes étant les plus populaires,
vous trouverez un grand nombre de plats
qui les incluent, des plus simples à réaliser, comme
les spaghettini au crabe et les linguines aux sardines,
aux plus sophistiqués, comme les pâtes maison à l'encre
de seiche, le fideuà et les lasagnes de la mer.

Sans oublier les tartes, les gratins, les pâtés,
comme le gratin de hareng aux pommes de terre
et les pâtés de poisson, ou encore les plats à base de riz,
tel le jambalaya, le risotto au homard et le risotto
aux crevettes et aux asperges.

Des plats à base de céréales sont également proposés :
crêpes de sarrasin au saumon fumé et à la crème
fraîche, soupe de poisson au pain, pizza marinara…

Tagliatelles
à la sicilienne

Basé sur une recette sicilienne, ce plat associe brocoli et anchois, auxquels on a ajouté
des saveurs citronnées et aillées pour un goût plus prononcé.

4 personnes

INGRÉDIENTS

6 cuil. à soupe d'huile d'olive

50 g de chapelure blanche

450 g de brocoli, en fleurettes

350 g de tagliatelles

4 filets d'anchois, égouttés et hachés

2 gousses d'ail, émincées

zeste râpé d'un citron

1 bonne pincée de flocons de piment

sel et poivre

parmesan fraîchement râpé,
en accompagnement

1 Dans une poêle, chauffer 2 cuillerées à soupe d'huile d'olive, ajouter la chapelure et faire revenir à feu moyen 4 à 5 minutes, en remuant, jusqu'à ce qu'elle soit dorée et croustillante. Égoutter sur du papier absorbant.

2 Porter à ébullition un fait-tout d'eau salée, verser le brocoli et blanchir 3 minutes. Égoutter et réserver l'eau. Rafraîchir à l'eau courante, égoutter et essuyer soigneusement avec du papier absorbant. Réserver.

3 Porter l'eau de cuisson des brocolis à ébullition, verser les tagliatelles et faire cuire al dente, selon les instructions figurant sur le paquet.

4 Chauffer 2 autres cuillerées à soupe d'huile d'olive dans une sauteuse ou un wok, ajouter les anchois et faire revenir 1 minute. Réduire en purée à l'aide d'une cuillère en bois, ajouter l'ail, le zeste de citron râpé et les flocons de piment, et faire revenir à feu

doux 2 minutes. Ajouter le brocoli et laisser cuire 3 à 4 minutes pour réchauffer.

5 Égoutter les pâtes et ajouter à la préparation au brocoli avec les 2 cuillerées à soupe d'huile d'olive restantes. Saler, poivrer et bien mélanger.

6 Répartir les pâtes dans des assiettes, parsemer de chapelure grillée et de parmesan râpé, et servir immédiatement.

Pâtes à la puttanesca

Une recette originaire d'Italie qui constitue un plat consistant et facile à préparer.
La sauce tomate est délicieusement parfumée des saveurs méditerranéennes.

4 personnes

INGRÉDIENTS

3 cuil. à soupe d'huile d'olive vierge
    extra
1 gros oignon rouge, finement haché
4 filets d'anchois, égouttés
2 gousses d'ail, finement hachées
1 pincée de flocons de piment

400 g de tomates concassées en boîte
2 cuil. à soupe de concentré de tomates
25 g d'olives noires dénoyautées,
    grossièrement hachées
25 g d'olives vertes dénoyautées,
    grossièrement hachées

225 g de spaghettis
1 cuil. à soupe de câpres, rincées
    et égouttées
4 tomates séchées au soleil dans l'huile,
    grossièrement concassées
sel et poivre

1 Chauffer l'huile d'olive dans une casserole, ajouter l'oignon, les anchois et les flocons de piment, et cuire 10 minutes à feu doux, jusqu'à ce qu'ils soient fondants et commencent à brunir. Ajouter l'ail et cuire 30 secondes.

2 Ajouter les tomates et le concentré de tomates, porter à ébullition et réduire le feu. Laisser mijoter 10 minutes à feu doux.

3 Entre-temps, porter un fait-tout d'eau salée à ébullition, ajouter les spaghettis et cuire al dente, selon les instructions figurant sur le paquet.

4 Incorporer les olives, les câpres et les tomates séchées au soleil à la sauce, cuire encore 2 à 3 minutes à feu doux et saler et poivrer selon son goût.

5 Bien égoutter les pâtes, remettre dans le fait-tout et incorporer la sauce. Bien mélanger et servir immédiatement.

Lasagnes de la mer

Un riche plat de pâtes aromatisées de sauce tomate, de fruits de mer et de champignons, nappé de béchamel et gratiné au four.

6 personnes

INGRÉDIENTS

50 g de beurre
5 cuil. à soupe de farine
1 cuil. à café de poudre de moutarde
600 ml de lait
2 cuil. à soupe d'huile d'olive
1 oignon, haché
2 gousses d'ail, finement hachées

450 g de champignons variés, émincés
150 ml de vin blanc
400 g de tomates concassées en boîte
450 g de filets de poissons blancs,
   sans la peau et coupés en cubes
225 g de noix de Saint-Jacques fraîches,
   parées

1 cuil. à soupe de feuilles de thym frais
4 à 6 feuilles de lasagnes fraîches
225 g de mozzarella, égouttée et coupée
   en dés
sel et poivre

1 Faire fondre le beurre dans une casserole, ajouter la farine et la poudre de moutarde, et bien mélanger. Cuire à feu doux 2 minutes, sans laisser dorer, mouiller petit à petit avec le lait et fouetter jusqu'à obtenir une consistance homogène. Porter à ébullition, cuire 2 minutes et retirer du feu. Réserver, et couvrir de film alimentaire pour éviter la formation d'une pellicule.

2 Chauffer l'huile dans une poêle, ajouter l'oignon, l'ail et le thym, et cuire 5 minutes à feu doux, en remuant de temps en temps, jusqu'à ce qu'ils soient fondants. Ajouter les champignons, cuire 5 minutes, jusqu'à ce qu'ils soient fondants, et mouiller avec le vin. Laisser bouillir jusqu'à évaporation presque totale, incorporer les tomates et porter à ébullition. Couvrir, laisser mijoter 15 minutes, saler et poivrer. Réserver.

3 Graisser légèrement un plat à lasagnes, verser la moitié de la sauce tomate et recouvrir de la moitié du poisson et des noix de Saint-Jacques.

4 Placer la moitié des feuilles de lasagne sur le poisson, napper avec la moitié de la béchamel et parsemer avec la moitié de la mozzarella. Recommencer ces couches, en terminant par la béchamel et la mozzarella.

5 Cuire au four préchauffé, à 200 °C (th. 6-7), 35 à 40 minutes, jusqu'à ce que le fromage soit gratiné, sortir du four et laisser reposer 10 minutes. Servir directement dans le plat de cuisson.

Spaghettis al vongole

Un plat savoureux et visuellement très attractif, surtout si vous pouvez utiliser de petits clams frais, aux coquilles souvent multicolores.

4 personnes

INGRÉDIENTS

900 g de clams frais, grattés
2 cuil. à soupe d'huile d'olive
1 gros oignon, finement haché
2 gousses d'ail, finement hachées

1 cuil. à café de feuilles de thym frais
400 g de tomates concassées en boîte
150 ml de vin blanc
350 g de spaghettis

1 cuil. à soupe de persil frais haché
sel et poivre

1 Mettre les clams dans une grande casserole avec une petite quantité d'eau, couvrir et cuire 3 à 4 minutes à feu vif, en secouant la casserole de temps en temps, jusqu'à ce qu'ils soient tous ouverts. Retirer du feu, filtrer et réserver le jus de cuisson. Jeter les coquillages qui restent fermés. Réserver.

2 Chauffer l'huile dans une casserole, ajouter l'oignon et cuire 10 minutes, jusqu'à ce qu'il soit fondant, sans laisser dorer. Ajouter l'ail et le thym et cuire 30 secondes. Augmenter la température, mouiller

avec le vin blanc et laisser mijoter jusqu'à réduction et obtention d'une consistance sirupeuse. Ajouter les tomates et le jus de cuisson des clams réservé, couvrir et laisser mijoter 15 minutes. Découvrir, laisser mijoter encore 15 minutes jusqu'à ce que la sauce ait épaissi, saler et poivrer selon son goût.

3 Porter une grande casserole d'eau légèrement salée à ébullition, ajouter les pâtes et cuire al dente selon les instructions figurant sur le paquet, égoutter et remettre dans la casserole.

4 Incorporer les clams dans la sauce tomate et réchauffer 2 à 3 minutes. Ajouter le persil et bien mélanger. Ajouter la sauce tomate aux pâtes, bien mélanger pour enrober les pâtes et servir immédiatement.

CONSEIL

Si vous ne trouvez que des gros clams, réservez-en plusieurs dans leur coquille pour décorer et décoquillez le reste.

Linguines aux sardines

Un plat très rapide à préparer, idéal pour un déjeuner de semaine ; aussi simple à réaliser que délicieux.

4 personnes

INGRÉDIENTS

8 sardines fraîches, levées en filets
1 bulbe de fenouil
4 cuil. à soupe d'huile d'olive
3 gousses d'ail, émincées

1 cuil. à café de flocons de piment
350 g de linguines
$^1\!/_2$ cuil. à café de zeste de citron
  finement râpée

1 cuil. à soupe de jus de citron
2 cuil. à soupe de pignons grillés
2 cuil. à soupe de persil frais haché
sel et poivre

1 Laver les filets de sardines, sécher et couper en cubes. Réserver. Émincer finement le bulbe de fenouil après avoir retiré les feuilles les plus dures.

2 Dans une poêle, faire chauffer 2 cuillerées à soupe d'huile d'olive, ajouter l'ail et les flocons de piment, et cuire 1 minute. Ajouter le fenouil et faire revenir à feu moyen à vif 4 à 5 minutes, jusqu'à ce qu'il ramollisse. Incorporer les morceaux de sardines et cuire 4 à 5 minutes, jusqu'à ce qu'ils soient juste cuits.

3 Faire cuire les pâtes al dente en suivant les instructions figurant sur le paquet, bien égoutter et remettre dans le fait-tout.

4 Incorporer le zeste et le jus de citron, les pignons, le persil, le sel et le poivre aux sardines et mélanger. Verser la préparation obtenue dans les pâtes avec le reste d'huile d'olive et mélanger délicatement. Parsemer de persil et servir immédiatement.

CONSEIL

Réservez quelques cuillerées à soupe de l'eau de cuisson des pâtes et ajoutez-les au plat terminé s'il vous semble un peu sec.

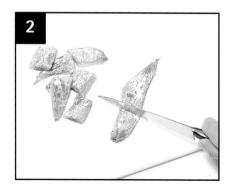

Raviolis de crabe

Le temps passé à préparer et farcir soi-même les pâtes sera récompensé
par la saveur et la texture incomparables de ce plat.

4 personnes

INGRÉDIENTS

225 g de farine ordinaire ou de farine
    italienne pour pâtes
1 cuil. à café de sel
2 œufs, plus 1 jaune d'œuf
1 cuil. à soupe d'huile d'olive
225 g de crevettes roses crues, finement
    hachées
1 cuil. à soupe de cerfeuil frais haché
1 cuil. à soupe de ciboulette fraîche
    hachée

225 g de chair de crabe blanche
1 cuil. à soupe de persil frais haché
1 cuil. à café de zeste de citron vert râpé
4 cuil. à soupe de crème fraîche épaisse
sel et poivre

SAUCE AU POIVRON ROUGE
2 cuil. à soupe de beurre, en pommade
½ gros poivron rouge, épépiné et coupé
    en deux

1 cuil. à café d'huile d'olive,
    pour badigeonner
1 cuil. à soupe de jus de citron vert
sel et poivre

GARNITURE
quartiers de citron vert
ciboulette fraîche

1 Pour la sauce au poivron, badigeonner les poivrons d'huile d'olive, passer au gril préchauffé à haute température 3 minutes de chaque côté, jusqu'à ce qu'ils soient grillés et tendres, et mettre dans un sac en plastique. Laisser refroidir, enlever la peau et mettre la chair dans un robot de cuisine. Ajouter le beurre et le jus de citron vert, saler et poivrer. Mixer jusqu'à obtention d'une consistance homogène et réserver.

2 Pour la pâte, tamiser la farine et le sel dans une grande terrine, ménager un puits au centre et ajouter les œufs, le jaune d'œuf et un peu d'eau, jusqu'à obtention d'une pâte ferme. Pétrir 5 minutes, envelopper de film alimentaire et mettre au réfrigérateur.

3 Mélanger les crevettes, le crabe, le cerfeuil, le persil, le zeste de citron vert, la crème, le sel et le poivre.

4 Diviser la pâte en 8 portions et les abaisser le plus finement possible à l'aide d'une machine à pâtes. Fariner généreusement un plan de travail, déposer une abaisse et placer 1 cuillerée à café de farce tous les 2,5 cm. Humecter légèrement la pâte autour des tas de farce et recouvrir d'une autre abaisse.

5 Appuyer fermement autour de chaque tas de farce pour souder les deux abaisses et, à l'aide d'un emporte-pièce ou d'une roulette à pâtes, séparer les raviolis. Répéter l'opération avec le reste de pâte et de farce, et disposer au fur et à mesure les raviolis sur un torchon fariné.

6 Porter une casserole d'eau salée à ébullition, plonger les raviolis et, à la reprise de l'ébullition cuire al dente, 3 à 4 minutes. Égoutter, mélanger avec la sauce et garnir de citron et de ciboulette ciselée. Servir immédiatement.

Spaghettini au crabe

Bien que ce plat soit extrêmement simple à réaliser, sa saveur inoubliable donnera l'impression que vous avez passé des heures dans votre cuisine.

4 personnes

INGRÉDIENTS

1 crabe paré d'environ 450 g
(carapace comprise)
350 g de spaghettini
6 cuil. à soupe d'huile d'olive vierge
extra de qualité supérieure

1 piment rouge fort, épépiné
et finement haché
2 gousses d'ail, finement hachées
1 cuil. à café de zeste de citron
finement râpé

3 cuil. à soupe de persil frais haché
2 cuil. à soupe de jus de citron
sel et poivre
tranches de citron, en garniture

1 À l'aide d'une cuillère, vider la carapace du crabe de sa chair, mettre dans une terrine, et mélanger délicatement la chair brune et la chair blanche. Réserver.

2 Porter à ébullition une casserole d'eau salée, verser les spaghettini et faire cuire al dente suivant les instructions figurant sur le paquet. Bien égoutter et remettre dans la casserole.

3 Faire chauffer 2 cuillerées à soupe d'huile d'olive dans une poêle, jusqu'à ce qu'elle soit bien chaude, ajouter le piment et l'ail, et faire revenir 30 secondes. Incorporer la chair de crabe, le persil, le jus et le zeste de citron, et faire revenir à feu vif 1 minute, sans cesser de remuer, de façon à bien réchauffer le crabe.

4 Verser la préparation au crabe sur les pâtes avec le reste d'huile d'olive, saler et poivrer. Bien mélanger, garnir de tranches de citron et servir immédiatement.

CONSEIL

Si vous préférez acheter un crabe frais, non préparé, il vous faudra en choisir un d'environ 1 kg.

Pâtes à l'encre de seiche

Ce plat spectaculaire est préparé avec des pâtes à l'encre et une riche sauce de seiche ;
un plat à proposer pour de grandes occasions.

6 personnes

INGRÉDIENTS

450 g de calmar avec son encre
300 g de farine ordinaire, ou de farine
   italienne pour pâtes
100 g de semoule fine
2 œufs

SAUCE
4 cuil. à soupe d'huile d'olive
2 gousses d'ail, finement hachées
1 cuil. à café de paprika
150 ml de vin blanc

3 tomates olivette, mondées, épépinées
   et coupées en dés
1 cuil. à soupe de persil frais haché
sel et poivre

1 Pour préparer les calmars entiers, tenir fermement le corps du calmar, saisir les tentacules et la tête, et retirer les viscères en tirant fermement. La poche à encre, tube argenté, se situe à l'opposé des tentacules (attention de ne pas la percer). Séparer la poche à encre des viscères et réserver. Couper les tentacules juste en-dessous du bec et réserver. Retirer l'os transparent, les ailes et la peau. Laver soigneusement le corps et les tentacules.

2 Découper le corps dans la largeur en anneaux et réserver avec

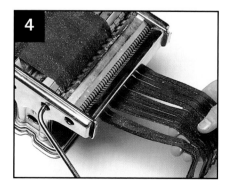

les tentacules. Ouvrir la poche à encre, diluer dans de l'eau jusqu'à obtention d'un volume de 50 ml et réserver.

3 Pour les pâtes, tamiser la farine et la semoule, ménager un puits au centre et ajouter les œufs. À l'aide d'une cuillère en bois, mélanger la farine et les œufs, ajouter petit à petit suffisamment d'encre de seiche, jusqu'à obtention d'une pâte ferme noire, en ajoutant un peu d'eau si la pâte est trop ferme et un peu plus de farine si elle semble trop liquide. Ou mettre tous les ingrédients dans un robot de cuisine équipé d'un crochet à pâte, mélanger et pétrir la pâte environ 10 minutes, jusqu'à ce qu'elle soit lisse et élastique. Elle doit avoir une consistance souple, ne pas coller ni être friable. Envelopper de film alimentaire et réserver 30 minutes.

4 À l'aide d'une machine à pâte, abaisser finement la pâte, couper en lanières et les faire sécher en les suspendant.

5 Pour la sauce, chauffer l'huile dans une casserole, ajouter l'ail et le paprika, et faire revenir 30 secondes à feu moyen. Ajouter le calmar et cuire 4 à 5 minutes, jusqu'à ce qu'il soit légèrement doré et ferme. Ajouter les tomates et faire fondre 3 à 4 minutes. Réduire le feu, mouiller avec le vin blanc et laisser mijoter 15 minutes. Ajouter le persil, saler et poivrer selon son goût.

6 Porter une casserole d'eau salée à ébullition, verser les pâtes, et cuire al dente, 2 à 3 minutes. Bien égoutter, disposer dans un plat de service et napper de sauce. Servir immédiatement.

Fideuà

Cette recette de pâtes est originaire de Valence, dans l'Ouest de l'Espagne.
Ce plat ressemble à la paella, mais le riz est ici remplacé par de fins vermicelles.

6 personnes

INGRÉDIENTS

3 cuil. à soupe d'huile d'olive

1 gros oignon, haché

2 gousses d'ail, finement hachées

1 pincée de safran, écrasé

1/2 cuil. à café de paprika

3 tomates mondées, épépinées
   et concassées

350 g de vermicelle aux œufs, brisé
   en tronçons de 5 cm

300 ml de fumet de poisson

150 ml de vin blanc

18 moules fraîches, grattées et ébarbées

350 g de calmars nettoyés, découpés
   en anneaux

18 gros clams, grattés

12 crevettes royales crues

2 cuil. à soupe de persil frais haché

sel et poivre

quartiers de citron, en accompagnement

1 Chauffer l'huile dans une poêle à fond épais, ou paellera, ajouter l'oignon et cuire 5 minutes à feu doux, en remuant de temps en temps, jusqu'à ce qu'il soit fondant. Ajouter l'ail et cuire 30 secondes. Ajouter le safran et le paprika, et bien mélanger. Ajouter les tomates et faire fondre 2 à 3 minutes.

2 Ajouter le vermicelle et bien mélanger. Augmenter la température, mouiller avec le vin et laisser cuire à gros bouillons, jusqu'à absorption totale.

3 Ajouter le fumet de poisson, les crevettes, les moules, les calmars et les clams, mélanger et laisser mijoter encore 10 minutes, jusqu'à ce que les calmars et les crevettes soient bien cuits, les moules et les clams ouverts et le bouillon presque complètement absorbé.

4 Incorporer le persil, saler et poivrer. Verser dans des assiettes à soupe chaudes et servir immédiatement avec des quartiers de citron.

VARIANTE

Essayez toute sorte d'association de fruits de mer. Pourquoi pas langoustines, crevettes et lotte ?

Nouilles thaïlandaises

Ce classique plat de nouilles thaïlandaises est aromatisé avec de la sauce de poisson, des cacahuètes grillées et des crevettes.

4 personnes

INGRÉDIENTS

350 g de crevettes tigrées cuites, décortiquées
115 g de nouilles de riz plates ou de vermicelle de riz
4 cuil. à soupe d'huile
2 gousses d'ail, finement hachées
1 œuf

2 cuil. à soupe de jus de citron
4 cuil. à café ¹/₂ de sauce de poisson thaïe
¹/₂ cuil. à café de sucre
2 cuil. à soupe de cacahuètes grillées, concassées
¹/₂ cuil. à café de poivre de Cayenne

2 oignons verts, coupés en tronçons de 2,5 cm
50 g de germes de soja frais
1 cuil. à soupe de coriandre fraîche hachée
quartiers de citron, en accompagnement

1 Égoutter les crevettes sur du papier absorbant pour enlever l'excès d'eau et réserver. Cuire les nouilles ou le vermicelle de riz suivant les instructions figurant sur le paquet, bien égoutter et réserver.

2 Chauffer l'huile dans un wok ou une grande sauteuse, ajouter l'ail et cuire jusqu'à ce qu'il soit doré. Ajouter l'œuf et cuire quelques secondes en remuant.

3 Ajouter les crevettes et les nouilles ou le vermicelle, en raclant les bords de la poêle pour bien mélanger le tout.

4 Incorporer le jus de citron, la sauce de poisson, le sucre, la moitié des cacahuètes, le poivre de Cayenne, les oignons verts et la moitié des germes de soja et réchauffer les ingrédients 2 minutes à feu vif en remuant.

5 Disposer sur un plat de service chaud, garnir de cacahuètes et de germes de soja et parsemer de coriandre. Servir avec des quartiers de citron.

VARIANTE

Il s'agit d'un plat de base auquel on peut ajouter des fruits de mer cuits différents. Anneaux de calmars cuits, moules et langoustines conviennent parfaitement.

Kadgéri

À l'origine le kadgéri ou khichri était un plat hindou de riz et de lentilles ;
dans tous les cas, vous pouvez l'adapter avec du poisson ou de la viande.
Ce plat de riz épicé, accompagné d'œufs durs, est souvent servi au petit déjeuner.

4 personnes

INGRÉDIENTS

450 g de filets de haddock,
   sans colorant ajouté
2 cuil. à soupe d'huile d'olive
1 gros oignon, haché
2 gousses d'ail, finement hachées
1/2 cuil. à café de curcuma

1/2 cuil. à café de cumin en poudre
1 cuil. à café de coriandre en poudre
175 g de riz basmati
4 œufs
25 g de beurre
1 cuil. à soupe de persil frais haché

ACCOMPAGNEMENT
quartiers de citron
chutney à la mangue

1 Mettre les filets de haddock dans une grande terrine, recouvrir d'eau bouillante et laisser tremper 10 minutes. Retirer le poisson, ôter la peau et les arêtes, et émietter la chair. Réserver avec le jus de cuisson.

2 Chauffer l'huile dans une grande casserole, ajouter l'oignon et cuire 10 minutes à feu moyen, en remuant de temps en temps, jusqu'à ce qu'il soit fondant. Ajouter l'ail et cuire 30 secondes. Ajouter le curcuma, le cumin et la coriandre en poudre et faire revenir 30 secondes, jusqu'à ce que les aromes s'exhalent. Ajouter le riz et bien mélanger.

3 Mesurer 350 ml de l'eau de cuisson du haddock, ajouter à la poêle et bien mélanger. Porter à ébullition, couvrir, laisser mijoter 12 à 15 minutes à feu très doux, jusqu'à ce que le riz soit tendre et le bouillon complètement absorbé.

4 Pendant ce temps, porter une petite casserole d'eau à ébullition, y plonger les œufs et porter de nouveau à ébullition. Cuire les œufs 8 minutes, égoutter immédiatement et rafraîchir à l'eau courante pour stopper la cuisson. Réserver.

5 Incorporer au riz les miettes de poisson, le beurre et le persil, et disposer sur un grand plat de service. Écaler les œufs, couper en quatre et disposer sur le riz. Servir immédiatement avec des quartiers de citron et un chutney à la mangue.

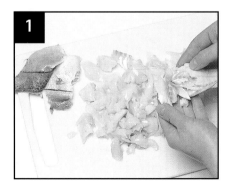

Kadgéri moderne

Voici la version moderne du classique kadgéri, utilisant autant de saumon frais que de saumon fumé et quantité d'herbes aromatiques fraîches.

4 personnes

INGRÉDIENTS

2 cuil. à soupe de beurre

1 cuil. à soupe d'huile d'olive

1 oignon, finement haché

1 gousse d'ail, finement hachée

175 g de riz long grain

400 ml de fumet de poisson

175 g de filet de saumon, sans la peau et haché

80 g de saumon fumé, haché

2 cuil. à soupe de crème fraîche épaisse

2 cuil. à soupe d'aneth frais haché

3 oignons verts, finement hachés

sel et poivre

tranches de citron et brins d'aneth frais, en garniture

1 Faire fondre le beurre et l'huile dans une grande casserole, ajouter l'oignon et cuire 10 minutes à feu doux, en remuant de temps en temps, jusqu'à ce qu'il soit fondant sans laisser dorer. Ajouter l'ail et cuire 30 secondes.

2 Ajouter le riz et cuire 2 à 3 minutes, sans cesser de remuer, jusqu'à ce que les grains soient enrobés de matière grasse et translucides. Ajouter le fumet de poisson, bien mélanger et porter à ébullition. Couvrir et laisser mijoter 10 minutes à feu très doux.

3 Ajouter le filet de saumon et le saumon fumé, mélanger en ajoutant un peu de fumet ou d'eau si la préparation semble trop sèche et cuire encore 8 minutes, jusqu'à ce que le poisson et le riz soient tendres et le bouillon absorbé.

4 Enlever la poêle du feu – ou éteindre le gaz – incorporer la crème, l'aneth et les oignons verts, saler et poivrer selon son goût. Garnir de brins d'aneth et de tranches de citron et servir immédiatement.

CONSEIL

Pour un repas plus économique, prenez des chutes de saumon fumé.

Jambalaya

Le jambalaya est un plat d'origine cajun. Il existe autant de versions de ce plat que de cuisiniers. Nous vous présentons ici une des versions les plus connues à base de crevettes, de poulet et de chorizo.

4 personnes

INGRÉDIENTS

2 cuil. à soupe d'huile

2 oignons, grossièrement hachés

1 poivron vert, épépiné
   et grossièrement haché

2 branches de céleri,
   grossièrement hachées

3 gousses d'ail, finement hachées

2 cuil. à café de paprika

300 g de blancs de poulet cuits,
   sans la peau et coupés en dés

100 g de chorizo, coupé en dés

3 tomates, mondées et concassées

850 ml de bouillon de poulet
   ou de fumet de poisson, très chaud

450 g de riz long grain

1 cuil. à café d'origan en poudre

2 feuilles de laurier frais

12 queues de crevettes royales

4 oignons verts, finement hachés

2 cuil. à soupe de persil frais haché

sel et poivre

salade, en accompagnement

1 Chauffer l'huile dans une grande poêle, ajouter les oignons, le poivron, le céleri et l'ail, et cuire 8 à 10 minutes à feu doux, en remuant souvent, jusqu'à ce que les légumes soient tendres. Incorporer le paprika et cuire 30 secondes. Ajouter le poulet et les dés de chorizo, et cuire 8 à 10 minutes jusqu'à légère coloration. Ajouter les tomates et faire fondre 2 à 3 minutes.

2 Ajouter le riz, bien mélanger pour enrober les grains et verser le bouillon. Ajouter l'origan et les feuilles de laurier, bien mélanger et couvrir. Laisser mijoter 10 minutes à feu doux.

3 Ajouter les crevettes, mélanger délicatement et couvrir. Laisser mijoter 6 à 8 minutes, jusqu'à ce que le riz soit tendre, les crevettes cuites et le liquide presque complètement absorbé.

4 Incorporer les oignons verts, le persil, saler et poivrer selon son goût. Servir immédiatement.

CONSEIL

Le jambalaya est un plat constitué d'ingrédients de base, oignons, poivrons verts, céleri, riz et épices, auxquels vous pouvez ajouter viande ou poisson selon ce que vous avez à portée de main.

Risotto au homard

Voici un plat à proposer lors d'occasions spéciales, juste pour deux.
Il est très facile de doubler les quantités de cette recette pour un dîner entre amis.

2 personnes

INGRÉDIENTS

1 homard cuit, de 400 à 450 g environ	1 cuil. à café de feuilles de thym frais	600 ml de fumet de poisson, chaud
50 g de beurre	175 g de riz arborio	150 ml de vin blanc mousseux
1 cuil. à soupe d'huile d'olive	1 cuil. à café de grains de poivre vert	1 cuil. à soupe de persil frais haché
1 oignon, finement haché	ou rose en saumure, égouttés	
1 gousse d'ail, finement hachée	et grossièrement concassés	

1 Pour le homard, casser les pinces à la jointure puis avec le dos d'un couteau et réserver. Fendre le corps dans la longueur, jeter le boyau intestinal (veine qui court le long de la queue), la poche à graviers (estomac) et les membranes spongieuses, et retirer la chair de la queue. Hacher grossièrement et réserver avec les pinces.

2 Chauffer la moitié du beurre et l'huile dans une poêle, ajouter l'oignon et cuire 5 minutes à feu doux, en remuant de temps en temps, jusqu'à ce qu'il soit fondant. Ajouter l'ail, cuire 30 secondes et ajouter le thym et le riz. Bien mélanger 1 à 2 minutes, jusqu'à ce que les grains de riz soient enrobés de matière grasse et translucides.

3 Réserver le fumet au chaud à feu doux. Augmenter un peu la température sous la poêle et ajouter le fumet, une louche à la fois, en remuant bien avant chaque ajout. Répéter l'opération jusqu'à ce que tout le fumet ait été absorbé. Cette opération prend 20 à 25 minutes.

4 Ajouter la chair et les pinces de homard. Mouiller avec le mousseux en augmentant la température, une fois le vin absorbé, retirer la poêle du feu et incorporer les grains de poivre vert ou rose avec le reste de beurre et le persil. Réserver 1 minute et servir immédiatement.

VARIANTE

Pour une version plus économique, remplacez le homard par 450 g de crevettes roses.

Risotto aux gambas et aux asperges

Un plat original et surprenant composé de crevettes fraîches et d'asperges ;
très simple à préparer, ce plat sera idéal pour un dîner improvisé.

4 personnes

INGRÉDIENTS

1,2 l de bouillon de légumes

375 g d'asperges, coupées en tronçons
    de 5 cm

2 cuil. à soupe d'huile d'olive

1 oignon, finement haché

1 gousse d'ail, finement hachée

375 g de riz arborio

450 g de gambas crues, décortiquées
    et déveinées

2 cuil. à soupe de tapenade

2 cuil. à soupe de basilic frais haché

sel et poivre

copeaux de parmesan, en garniture

1 Porter le bouillon de légumes à ébullition dans une grande casserole, faire blanchir les asperges 3 minutes et égoutter en réservant le bouillon. Rafraîchir à l'eau courante, égoutter et réserver.

2 Chauffer l'huile dans une poêle, ajouter l'oignon et cuire 5 minutes à feu doux, en remuant de temps en temps, jusqu'à ce qu'il soit fondant. Ajouter l'ail et cuire 30 secondes. Ajouter le riz et mélanger 1 à 2 minutes, jusqu'à ce que les grains soient enrobés d'huile et translucides.

3 Faire chauffer le bouillon à feu doux. Augmenter un peu le feu sous la poêle et commencer à ajouter le bouillon, une louche à la fois, en remuant bien avant chaque ajouts. Continuer jusqu'à ce que le bouillon ait été presque complètement absorbé. Cette opération prend 20 à 25 minutes.

4 Ajouter les gambas et les asperges avec la dernière louche de bouillon, cuire 5 minutes jusqu'à ce que les gambas et le riz soient tendres et le bouillon absorbé, et retirer du feu.

5 Incorporer la tapenade et le basilic, saler et poivrer. Laisser reposer 1 minute et servir immédiatement parsemé de copeaux de parmesan.

Riz de coco épicé à la lotte et aux petits pois

Ce plat de riz d'influence thaïe, préparé dans du lait de coco et des tomates, et recouvert de lotte épicée marinée, constitue un plat principal original.

4 personnes

INGRÉDIENTS

1 piment rouge fort, épépiné et haché

1 cuil. à café de flocons de piment écrasés

2 pincées de safran

3 cuil. à soupe de feuilles de menthe grossièrement hachées

4 cuil. à soupe d'huile d'olive

2 cuil. à soupe de jus de citron

375 g de filet de lotte, coupés en cubes

1 oignon, finement haché

225 g de riz long grain

2 gousses d'ail, hachées

400 g de tomates concassées en boîte

200 ml de lait de coco

115 g de petits pois

sel et poivre

2 cuil. à soupe de coriandre fraîche hachée, en garniture

---

1 Mélanger le piment rouge, les flocons de piment, l'ail, le safran, les feuilles de menthe, l'huile d'olive et le jus de citron dans un robot de cuisine et hacher assez finement.

2 Mettre la lotte dans un plat non métallique, recouvrir de pâte de piment et bien mélanger. Couvrir de film alimentaire et laisser mariner 20 minutes.

3 Chauffer à feu très vif une grande casserole à fond épais. Retirer la lotte de la marinade à l'aide d'une écumoire, ajouter dans la casserole en plusieurs fois et cuire 3 à 4 minutes, jusqu'à ce que la lotte soit colorée et ferme. Retirer à l'aide d'une écumoire et réserver.

4 Ajouter l'oignon et la marinade dans la casserole et cuire 5 minutes à feu doux, jusqu'à ce que l'oignon soit fondant et légèrement doré. Ajouter le riz et bien mélanger. Incorporer les tomates et le lait de coco, porter à ébullition et couvrir. Laisser mijoter 15 minutes à feu très doux, incorporer les petits pois, saler et poivrer selon son goût. Garnir de poisson, couvrir de papier d'aluminium et cuire 5 minutes à feu doux. Garnir de coriandre hachée et servir immédiatement.

Soupe de poisson au pain

Tous les poissons peuvent servir à l'élaboration de cette recette – anguille, requin, cabillaud,
ou des poisson gras tels que maquereau, hareng et saumon sont autant de choix possibles.

6 à 8 personnes

INGRÉDIENTS

1,75 kg de poissons entiers variés

225 g de crevettes roses crues,
non décortiquées

2,25 l d'eau

150 ml d'huile d'olive

2 gros oignons, grossièrement hachés

2 branches de céleri, grossièrement
émincées

1 petit bulbe de fenouil, grossièrement
haché

1 poireau, grossièrement émincé

5 gousses d'ail, hachées

1 zeste d'orange

3 cuil. à soupe de jus d'orange

400 g de tomates concassées en boîte

1 poivron rouge, épépiné et émincé

1 feuille de laurier

1 brin de thym frais

1 bonne pincée de safran

1 bonne pincée de poivre de Cayenne

6 à 8 tranches épaisses de pain au levain

sel et poivre

SAUCE AU POIVRON ROUGE
ET AU SAFRAN

1 poivron rouge, épépiné et coupé
en quatre

150 ml d'huile d'olive

1 jaune d'œuf

1 bonne pincée de safran

1 pincée de flocons de piment

jus de citron, si nécessaire

sel et poivre

1 Lever les filets des poissons
en réservant les arêtes et hacher
grossièrement la chair. Décortiquer les
crevettes, mettre les arêtes de poisson
et la carapace des crevettes dans
un fait-tout d'eau et porter à ébullition.
Laisser mijoter 20 minutes, filtrer
et réserver le bouillon.

2 Chauffer l'huile dans une grande
poêle, ajouter l'oignon, le céleri,

le poireau, le fenouil et l'ail, et cuire
20 minutes à feu très doux, sans laisser
dorer. Ajouter le zeste et le jus
d'orange, les tomates, le poivron,
le laurier, le thym, le safran,
les crevettes, les filets de poisson et
le bouillon réservé, porter à ébullition
et laisser mijoter 40 minutes.

3 Pour la sauce, badigeonner
les quartiers de poivron d'huile
d'olive, cuire 8 à 10 minutes au gril
préchauffé à haute température, en
les retournant une fois, jusqu'à ce que
la peau soit grillée et la chair tendre,
et mettre dans un sac en plastique.
Laisser refroidir et retirer la peau.

4 Hacher le poivron, le mettre dans
un robot de cuisine avec le jaune
d'œuf, le safran, les flocons de piment,

le sel et le poivre, et mixer jusqu'à
obtenir une consistance homogène.
Ajouter l'huile d'olive goutte à goutte,
jusqu'à épaississement, puis en un filet
continu, saler et poivrer selon
son goût. Ajouter du jus de citron
si nécessaire.

5 Mixer la soupe dans un robot
de cuisine, jusqu'à obtention
d'une consistance homogène,
ou passer au chinois en appuyant
avec une cuillère en bois et remettre
sur le feu. Ajouter le poivre
de Cayenne, saler et poivrer selon
son goût.

6 Griller les tranches de pains
de deux côtés, les poser au fond
d'assiettes à soupe et verser la soupe
par dessus. Servir avec la sauce.

Gratin de hareng aux pommes de terre

L'association de hareng, de pommes et de pommes de terre est appréciée dans tous les pays scandinaves. Proposé en salade, ce plat est souvent agrémenté de betterave.

4 personnes

INGRÉDIENTS

1 cuil. à soupe de moutarde de Dijon
115 g de beurre, en pommade
450 g de harengs, levés en filets
750 g de pommes de terre
2 pommes, finement émincées

1 gros oignon, émincé
1 cuil. à café de sauge fraîche hachée
600 ml de fumet de poisson, chaud
   (remplir à moitié le plat)

50 g de miettes de ciabatta,
   sans la croûte
sel et poivre
brins de persil, en garniture

1 Mélanger la moutarde de Dijon avec 2 cuillerées à soupe de beurre jusqu'à obtention d'une consistance homogène, étaler sur les faces coupées des filets, saler et poivrer. Rouler les filets et réserver. Graisser un plat allant au four d'une contenance de 2 litres avec une partie du beurre restant.

2 Émincer finement les pommes de terre, à l'aide d'une mandoline si possible, blanchir 3 minutes dans une grande quantité d'eau salée bouillante, jusqu'à ce qu'elles soient juste tendres, et bien égoutter. Rafraîchir à l'eau courante et sécher.

3 Chauffer 2 cuillerées à soupe du beurre restant dans une poêle, ajouter les oignons émincés et cuire 8 à 10 minutes à feu doux, jusqu'à ce qu'ils soient fondants. Retirer la poêle du feu et réserver.

4 Mettre la moitié des rondelles de pommes de terre au fond du plat, saler et poivrer. Ajouter la moitié des pommes et des oignons, poser les filets de hareng par-dessus et parsemer de sauge. Recommencer ces couches en ordre inverse, en terminant par les pommes de terre, saler et poivrer. Ajouter le fumet de poisson chaud.

5 Faire fondre le beurre restant, incorporer les miettes de pain, et bien mélanger. Verser les miettes sur le gratin, cuire au four préchauffé, à 190 °C (th. 6-7), 40 à 50 minutes, jusqu'à ce que la chapelure soit dorée et la préparation cuite, et servir garni de persil.

VARIANTE

Remplacez le hareng par du maquereau ou des sardines.

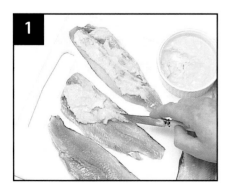

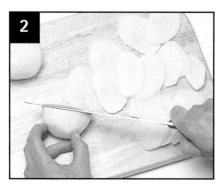

Toasts à la morue

*Cette recette peut aussi bien être proposée pour un simple dîner
ou agrémenter délicieusement un déjeuner.*

4 personnes

INGRÉDIENTS

$^1/_2$ portion de cabillaud salé maison
(*voir* page 90)

4 œufs

3 cuil. à soupe d'huile d'olive,
un peu plus pour arroser

8 tranches de lard fumé découennées,
hachées

700 g de vieilles pommes de terre,
coupées en dés

8 gousses d'ail

8 tranches épaisses de pain de mie
blanc

2 tomates olivettes, mondées
et concassées

2 cuil. à café de vinaigre de vin rouge

2 cuil. à soupe de persil frais haché,
un peu plus en garniture

sel et poivre

quartiers de citron, en garniture

1 Laisser tremper 2 heures
le cabillaud dans l'eau froide,
et bien égoutter. Porter une grande
casserole d'eau à ébullition, ajouter
le poisson et retirer du feu. Réserver
10 minutes, égoutter le poisson
sur du papier absorbant et émietter
la chair. Réserver et jeter l'eau.

2 Porter une casserole d'eau
à ébullition, ajouter les œufs,
et porter de nouveau à ébullition.
Laisser cuire 7 à 9 minutes (7 minutes
pour un jaune moelleux, 9 pour

un jaune plus ferme), égoutter
et plonger les œufs dans l'eau froide
pour stopper la cuisson. Lorsque
les œufs sont froids, les écaler, hacher
grossièrement et réserver.

3 Ajouter les tomates, le lard,
le poisson, le vinaigre et les œufs
hachés aux pommes de terre, cuire
encore 2 minutes et incorporer
le persil. Saler et poivrer selon
son goût. Disposer les toasts
sur des assiettes et garnir de persil
et de quartiers de citron.

4 Faire dorer le pain des deux côtés,
arroser d'huile d'olive et réserver.

5 Chauffer l'huile dans une poêle,
ajouter le lard et cuire 4 à
5 minutes à feu moyen, jusqu'à ce que
le lard soit doré et croustillant. Retirer
le lard à l'aide d'une écumoire
et égoutter sur du papier absorbant.
Mettre les pommes de terre dans
la poêle avec l'ail et cuire 8 à
10 minutes à feu moyen, jusqu'à
ce qu'elles soient dorées
et croustillantes.

Pizza marinara

Traditionnellement, une pizza à base de fruits de mer ne doit pas contenir de fromage, mais ici le fromage protège le poisson lors de la cuisson et ajoute de la saveur.

4 personnes

INGRÉDIENTS

225 g de farine
1 cuil. à café de sel
7 g de levure de boulanger chimique
  en sachet
2 cuil. à soupe d'huile d'olive,
  un peu plus pour graisser
150 ml d'eau chaude

SAUCE TOMATE
2 cuil. à soupe d'huile d'olive

1 petit oignon, finement haché
1 gousse d'ail, hachée
400 g de tomates concassées en boîte
1 cuil. à café d'origan en poudre
1 cuil. à soupe de concentré de tomates
sel et poivre

FRUITS DE MER VARIÉS
16 moules fraîches, grattées
  et ébarbées

16 gros clams, grattés
1 cuil. à soupe d'huile d'olive
12 gambas crues
225 g de calmar nettoyé, détaillé
  en anneaux
2 boules de 150 g de mozzarella
  de bufflonne, égouttées et émincées
huile d'olive, pour arroser
1 poignée de feuilles de basilic
sel et poivre

1 Pour la pâte à pizza, mélanger la farine avec le sel et la levure, ajouter l'huile et suffisamment d'eau pour obtenir une pâte lisse et ferme, et retourner la pâte sur un plan de travail fariné. Pétrir 5 minutes, jusqu'à obtention d'une consistance lisse et souple.

2 Former une boule, mettre dans une terrine graissée et huiler un peu le dessus de la pâte. Couvrir d'un torchon et laisser lever 1 heure au chaud, jusqu'à ce que la pâte ait doublé de volume.

3 Pour la sauce, chauffer l'huile dans une casserole à feu moyen, ajouter l'oignon et cuire 5 minutes, jusqu'à ce qu'il soit fondant. Ajouter l'ail et cuire quelques secondes. Ajouter les tomates, l'origan,

le concentré de tomates, le sel et le poivre, porter à ébullition et laisser mijoter 30 minutes, sans couvrir, jusqu'à épaississement. Laisser refroidir.

4 Mettre les moules et les clams dans une casserole avec une petite quantité d'eau, couvrir et cuire 3 à 4 minutes à feu vif, en remuant de temps en temps, jusqu'à ce que les coquillages soient ouverts. Jeter ceux qui restent fermés. Filtrer et réserver le jus de cuisson. Une fois les coquillages froids, les décoquiller.

5 Chauffer l'huile dans une poêle, ajouter les gambas et le calmar, et faire revenir 2 à 3 minutes, jusqu'à ce que les gambas soient roses et le calmar ferme.

6 Préchauffer le four à 230 °C (th. 7-8) et placer les plaques de four en haut et à mi-hauteur. Diviser la pâte levée en deux, abaisser en ronds de 25 cm et mettre sur les plaques de four farinées.

7 Étaler la moitié de la sauce tomate et disposer les fruits de mer. Saler, poivrer et garnir de fromage. Arroser d'huile d'olive et cuire 12 à 15 minutes, en intervertissant les plaques à mi-cuisson, jusqu'à ce que les pizzas soient dorées. Parsemer de basilic et servir immédiatement.

Tarte à l'oignon et au thon

C'est une variante de la pissaladière – la traditionnelle tarte aux oignons cuits lentement sur une pâte à pain – qui ressemble beaucoup à une pizza.

4 personnes

INGRÉDIENTS

225 g de farine
1 cuil. à café de sel
7 g de levure de boulanger chimique en sachet
2 cuil. à soupe d'huile d'olive
150 ml d'eau chaude

GARNITURE
50 g de beurre
2 cuil. à soupe d'huile d'olive
900 g d'oignons, finement émincés
1 cuil. à café de sucre
1 cuil. à café de sel

1 cuil. à café de feuilles de thym frais
200 g de thon en boîte, égoutté
85 g d'olives noires dénoyautées
poivre
salade verte, en accompagnement

1 Pour la garniture, chauffer le beurre et l'huile dans une casserole, ajouter les oignons, et remuer. Couvrir et cuire 20 minutes à feu très doux. Ajouter le sucre et le sel, couvrir et cuire encore 30 à 40 minutes, en remuant souvent, jusqu'à ce que les oignons commencent à dorer. Découvrir, laisser dorer 15 à 20 minutes et retirer du feu. Ajouter le thym, saler et poivrer.

2 Pour la pâte, mettre la farine, le sel et la levure dans une terrine et ajouter l'huile et suffisamment d'eau pour obtenir une pâte homogène qui se détache des parois. Retourner sur un plan de travail fariné et pétrir 5 minutes, jusqu'à obtention d'une pâte lisse et souple.

3 Façonner une boule, mettre dans une terrine légèrement graissée et huiler légèrement le dessus de la pâte. Couvrir d'un torchon et laisser lever 1 heure dans un endroit chaud, jusqu'à ce que la pâte ait doublé de volume.

4 Préchauffer le four à 220 °C (th. 7-8) en plaçant la plaque de four en haut. Abaisser la pâte avec le poing, retourner sur un plan de travail et pétrir brièvement. Abaisser à l'aide d'un rouleau à pâtisserie à la dimension d'une plaque de 33 x 23 cm légèrement graissée, en laissant un espace entre la pâte et le bord de la plaque. Étirer la pâte pour qu'elle s'adapte à la plaque.

5 Étaler les oignons en une seule couche sur la pâte, émietter le thon et disposer sur les oignons. Disposer les olives sur le thon et ajouter du poivre fraîchement moulu. Cuire au four préchauffé, 20 minutes, jusqu'à ce que la pâte soit dorée, et servir immédiatement avec une salade verte.

Pâtés de poisson

Un chausson de fruits de mer succulent et original.

4 personnes

INGRÉDIENTS

450 g de farine avec levure
1 pincée de sel
225 g de beurre, coupé en dés
1 œuf, légèrement battu

FARCE
50 g de beurre

80 g de carotte, coupée en dés
80 g de poireau, coupé en dés
225 g de pommes de terre, coupées
  en dés
350 g de poisson blanc à chair ferme
  (prendre le moins cher), coupé
  en cubes de 2,5 cm

80 g d'oignon, finement haché
4 cuil. à café de vinaigre de vin blanc
25 g de gruyère ou d'emmental, râpé
1 cuil. à café d'estragon frais haché
sel et poivre
salade de mesclun et de tomates, en
  accompagnement

1 Tamiser la farine et le sel dans d'une grande terrine, et incorporer le beurre avec les doigts jusqu'à obtenir une consistance de fine chapelure. Ajouter 3 cuillerées à soupe d'eau, pétrir brièvement jusqu'à obtention d'une pâte homogène et envelopper de film alimentaire. Réfrigérer 30 minutes.

2 Pour la farce, chauffer la moitié du beurre dans une grande poêle, ajouter les poireaux, les oignons et les carottes et cuire 7 à 8 minutes à feu doux, jusqu'à

ce que les légumes soient fondants. Retirer la poêle du feu et laisser tiédir.

3 Mettre la préparation aux légumes dans une grande terrine, ajouter les pommes de terre, le poisson, le vinaigre, le reste de beurre, le fromage, l'estragon, le sel et le poivre, et réserver.

4 Retirer la pâte du réfrigérateur, abaisser finement et découper 4 ronds de 19 cm à l'aide d'emporte-pièce ou d'une assiette de ce diamètre.

Répartir la farce sur les ronds, humecter les bords de la pâte et replier. Presser pour sceller, pincer les bords et mettre les pâtés sur une plaque de four graissée. Dorer généreusement à l'œuf battu, en évitant le dessous des pâtés pour qu'ils n'attachent pas.

5 Cuire au four préchauffé, à 180 °C (th. 6), 15 minutes, retirer du four et enduire à nouveau d'œuf battu. Remettre 20 minutes au four, et servir chaud ou froid avec une salade de mesclun et de tomates.

Crêpes de sarrasin au saumon fumé et à la crème fraîche

La farine de sarrasin est l'ingrédient traditionnel des crêpes bretonnes.
Elle est facilement disponible dans les supermarchés et épiceries fines.

4 personnes

INGRÉDIENTS

55 g de farine
55 g de farine de sarrasin
1 pincée de sel
2 gros œufs
200 ml de lait
85 ml d'eau
25 g de beurre, fondu
huile, pour friture

FARCE
120 ml de crème fraîche
1 cuil. à soupe de câpres, égouttées,
   rincées et grossièrement hachées
3 oignons verts, finement hachés
1 piment rouge, épépiné
   et finement haché
1 cuil. à soupe d'aneth frais haché

1 cuil. à soupe de ciboulette fraîche
   finement hachée
1 cuil. à café de zeste de citron
225 g de saumon fumé en tranches
sel et poivre

1 Pour la farce, mélanger la crème fraîche, les câpres, les oignons, le piment rouge, l'aneth, la ciboulette et le zeste de citron, saler et poivrer. Réserver.

2 Pour la pâte à crêpes de sarrasin, tamiser les farines et le sel dans une grande jatte, ménager un puits au centre et ajouter les œufs. Mélanger le lait et l'eau et ajouter ce mélange à la farine et aux œufs.

Mélanger jusqu'à obtention d'une consistance homogène, ajouter petit à petit le reste de lait, jusqu'à obtention d'une pâte lisse, et ajouter le beurre en remuant.

3 Chauffer une poêle à crêpes de 20 cm à feu moyen, plonger un morceau de papier absorbant dans un peu d'huile et en enduire la surface de la poêle. Verser environ 2 cuillerées à soupe de pâte à crêpes dans la poêle,

l'incliner et la faire tourner pour étaler uniformément la pâte. Cuire 1 minute jusqu'à ce que les bords commencent à se détacher de la poêle, lever délicatement la crêpe à l'aide d'une spatule et la retourner. La pâte doit être d'un blond doré. Cuire l'autre face 30 secondes. Placer sur une assiette chaude. Graisser la poêle, réchauffer et recommencer jusqu'à obtention de 12 à 14 crêpes.

4 Mettre une tranche de saumon fumé par crêpe, garnir de 2 cuillerées à café de préparation à la crème fraîche et plier la crêpe en deux puis en quatre pour former un triangle. Faire de même avec les autres crêpes.

Dîners de fête

Les recettes proposées dans ce chapitre sont destinées
aux grandes occasions, lorsque vous voulez
impressionner vos convives. Les poissons et les fruits
de mer y réussissent pleinement.

Considérés comme plus « exotiques » que la plupart
des plats de viande, ils sont pourtant souvent
plus faciles à préparer. Les coquillages et les crustacés
notamment, donnent une image de luxe,
alors qu'il est aujourd'hui possible de les trouver
partout, à un prix raisonnable.

Vous trouverez des recettes pour toutes les bourses,
toutes les compétences et tous les goûts : depuis la queue
de lotte farcie ou le soufflé de crabe jusqu'à la tarte
de truite fumée à chaud et au roulé aux épinards.

N'oublions pas les plats plus traditionnels,
comme le gratin de poisson royal et la sole
à la florentine ; ou les plats plus étonnants
comme la seiche cuite dans son encre.

Raie au beurre noir

La raie a une chair très parfumée qui en fait un poisson particulier.
Ainsi mijoté dans ce court-bouillon simple, le poisson révélera toutes ses saveurs.

4 personnes

INGRÉDIENTS

900 g d'ailes de raie, coupées en quatre
175 g de beurre
50 ml de vinaigre de vin rouge
15 g de câpres, égouttées
1 cuil. à soupe de persil frais haché
brins de persil frais, en garniture

COURT-BOUILLON
850 ml d'eau
850 ml de vin blanc sec
3 cuil. à soupe de vinaigre de vin blanc
2 grosses carottes, grossièrement
    hachées
1 oignon, grossièrement haché
2 branches de céleri, grossièrement
    hachées
2 poireaux, grossièrement hachés

2 gousses d'ail, grossièrement hachées
2 feuilles de laurier frais
4 brins de persil
4 brins de thym
6 grains de poivre noir
1 cuil. à café de sel

ACCOMPAGNEMENT
pommes de terre nouvelles
haricots verts

1 Pour le court-bouillon, mettre tous les ingrédients dans une grande casserole, porter à ébullition à feu doux et couvrir. Laisser mijoter 30 minutes, filtrer le liquide au chinois au-dessus d'une casserole et jeter les aromates. Porter de nouveau à ébullition et laisser bouillir 15 à 20 minutes, jusqu'à réduction. Il doit rester 600 ml de court-bouillon.

2 Mettre la raie dans une grande sauteuse, verser le court-bouillon et porter à ébullition. Laisser mijoter 15 à 20 minutes à feu très doux, en fonction de l'épaisseur de la raie, égoutter le poisson et disposer sur des assiettes. Réserver au chaud.

3 Faire fondre le beurre dans une poêle et cuire à feu moyen jusqu'à ce que le beurre noircisse et dégage un parfum de noisette.

4 Incorporer le vinaigre, les câpres et le persil, cuire 1 minute à feu doux et arroser la raie de beurre. Garnir de brins de persil frais et servir avec des pommes de terre nouvelles à l'eau et des haricots verts.

Sole meunière

La référence à la meunière, d'où cette recette tient son nom, vient de la farine
dont on saupoudre la sole avant de la faire cuire.

4 personnes

INGRÉDIENTS

50 g de farine
1 cuil. à café de sel
4 soles de 400 g chacune, nettoyées
    et sans la peau

150 g de beurre
3 cuil. à soupe de jus de citron
1 cuil. à soupe de persil frais haché
sel et poivre

$1/4$ citron confit, finement haché
    (facultatif)
quartiers de citron, en garniture

1 Mélanger la farine et le sel, mettre le mélange sur un grand plat ou une plaque de four et fariner les soles, une par une. Bien secouer pour en retirer l'excédent de farine. Faire fondre à feu doux 3 cuillerées à soupe de beurre dans une petite casserole et en badigeonner toute la surface du poisson.

2 Cuire les soles au gril préchauffé à haute température, 5 minutes de chaque côté.

3 Entre-temps, faire fondre le reste de beurre dans la casserole.

Verser de l'eau froide dans une terrine suffisamment grande pour contenir la casserole. Tenir à portée de main.

4 Chauffer le beurre à feu doux jusqu'à ce qu'il dore et commence à dégager un parfum de noisette, retirer immédiatement du feu et plonger la base de la casserole dans l'eau froide pour stopper la cuisson.

5 Disposer les soles grillées dans des assiettes chaudes, arroser de jus de citron et parsemer de persil et, éventuellement, de citron confit. Napper avec le beurre noir chaud

et servir immédiatement, garni de quartiers de citron.

CONSEIL

Si vous possédez une ou deux poêles
assez grandes, vous pouvez faire frire
le poisson fariné dans le beurre.

Sole à la florentine

Une association classique de filets de sole enrobés d'une crémeuse sauce au fromage cuite avec des épinards. Pour gagner du temps, préparez la sauce au fromage à l'avance.

4 personnes

INGRÉDIENTS

600 ml de lait

2 lanières de zeste de citron

2 brins d'estragon frais

1 feuille de laurier frais

½ oignon, émincé

50 g de beurre, un peu plus
pour graisser

2 cuil. à café de poudre de moutarde

25 g de parmesan, fraîchement râpé

300 ml de crème fraîche épaisse

1 pincée de noix muscade
fraîchement râpée

4 soles de 750 g chacune, levées
en quatre filets

50 g de farine

450 g d'épinards frais, lavés

sel et poivre

ACCOMPAGNEMENT

salade verte croquante

pain frais

1 Mettre le lait, le zeste de citron, l'estragon, la feuille de laurier et l'oignon dans une casserole, porter à ébullition à feu doux et retirer la casserole du feu. Laisser les arômes infuser 30 minutes.

2 Faire fondre le beurre dans une casserole, ajouter la farine et la poudre de moutarde, et mélanger jusqu'à obtention d'une consistance homogène. Filtrer le lait infusé, jeter le zeste de citron, les fines herbes et les oignons. Ajouter petit à petit le lait dans le beurre et la farine, battre jusqu'à obtention d'une consistance homogène et porter à ébullition à feu doux, sans cesser de remuer, jusqu'à ce que la sauce épaississe. Laisser mijoter 2 minutes, retirer du feu et ajouter le fromage, la crème fraîche épaisse et la noix muscade. Saler et poivrer selon son goût, couvrir la sauce de papier sulfurisé ou de film alimentaire et réserver.

3 Graisser légèrement un grand plat allant au four. Blanchir 30 secondes les feuilles d'épinards dans beaucoup d'eau bouillante salée, égoutter et rafraîchir à l'eau courante. Égoutter, sécher avec du papier absorbant et mettre les épinards en une seule couche au fond du plat.

4 Laver et sécher le poisson. Saler, poivrer et rouler les filets. Disposer sur les épinards, napper de sauce et cuire au four préchauffé, à 200 °C (th. 6-7), 35 minutes, jusqu'à ce que le dessus soit doré. Servir avec une salade croquante et du pain frais.

VARIANTE

Pour une version économique de ce plat, utilisez de la limande.

Saint-pierre en papillote

*Ce mode de cuisson permet de cuire un assortiment de légumes et le poisson en même temps ;
ainsi vous n'aurez plus qu'a présenter des pommes de terre nouvelles à l'eau en accompagnement.*

4 personnes

INGRÉDIENTS

2 saint-pierre, levés en filets
115 g d'olives noires, dénoyautées
12 tomates cerises, coupées en deux
115 g de haricots verts, équeutés

1 poignée de feuilles de basilic frais
4 rondelles de citron
4 cuil. à café d'huile d'olive
sel et poivre

feuilles de basilic frais, en garniture
pommes de terre nouvelles à l'eau,
   en accompagnement

1 Laver, sécher les filets de poisson et réserver. Couper 4 grands rectangles de papier sulfurisé de 45 x 30 cm, plier chaque rectangle en deux pour obtenir un rectangle de 22,5 x 30 cm et découper ces rectangles en forme de grand cœur. Ouvrir.

2 Poser 1 filet de saint-pierre sur une moitié du cœur en papier, garnir d'un quart des olives, des tomates, des haricots verts et des feuilles de basilic, et ajouter 1 tranche de citron. Arroser d'une cuillerée à café d'huile d'olive, saler et poivrer généreusement.

3 Replier la seconde moitié sur la première, puis les bords du papier pour enfermer le poisson. Recommencer pour obtenir 4 papillotes.

4 Disposer sur une plaque de four et cuire au four préchauffé, à 200 °C (th. 6-7), 15 minutes, jusqu'à ce que le poisson soit tendre et cuit à cœur.

5 Poser chaque papillote, encore fermée, sur une assiette, laisser chaque convive ouvrir sa papillote et se délecter des délicieux arômes,

et proposer de garnir de feuilles de basilic frais. Servir accompagné de pommes de terre nouvelles.

VARIANTE

Étaler sur les filets un peu de tapenade, de tomates séchées au soleil et de chèvre et parsemez de basilic frais.

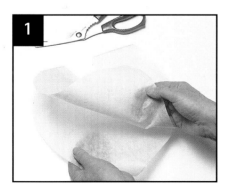

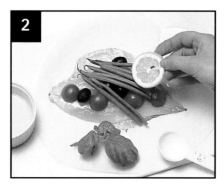

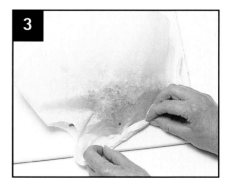

Bar aux artichauts braisés

De petits artichauts sont lentement mijotés avec de l'huile d'olive, de l'ail, du thym et du citron.
Ce mélange de saveurs s'associe très bien avec le poisson, sans être trop envahissant.

6 personnes

INGRÉDIENTS

1,75 kg de petits artichauts
2 cuil. à café ½ de jus de citron frais,
   plus les demi-citrons coupés
150 ml d'huile d'olive

10 gousses d'ail, finement émincées
1 cuil. à soupe de thym frais,
   un peu plus en garniture
6 filets de bar de 115 g chacun

1 cuil. à soupe d'huile d'olive
sel et poivre
pain frais, en accompagnement

1 Enlever les feuilles extérieures de chaque artichaut jusqu'à ce qu'on voit le cœur jaune-vert, couper le haut pointu à mi-chemin entre la pointe et le haut de la tige, et enlever la tige et les feuilles vert foncé restantes qui entourent la base de l'artichaut.

2 Plonger les artichauts préparés dans une eau contenant les demi-citrons pour éviter qu'ils noircissent. Une fois tous les artichauts préparés, les disposer, le fond vers le bas, et les couper en tranches.

3 Chauffer 175 ml d'huile d'olive dans une grande casserole à fond épais, ajouter les artichauts émincés, l'ail, le thym et le jus de citron, saler et poivrer. Couvrir et cuire à feu doux 20 à 30 minutes, sans laisser dorer, jusqu'à ce que les artichauts soient tendres.

4 Entre-temps, badigeonner les filets de bar du reste d'huile d'olive, saler et poivrer. Cuire sur un gril en fonte à fond rainuré préchauffé, ou au barbecue 3 à 4 minutes de chaque côté, jusqu'à ce qu'ils soient juste tendres.

5 Répartir les artichauts braisés dans les assiettes chaudes, poser un filet de bar dessus et garnir de thym haché. Servir immédiatement avec beaucoup de pain frais.

VARIANTE

Ainsi cuits, les artichauts se marient très bien avec le cabillaud, le flétan et le saumon.

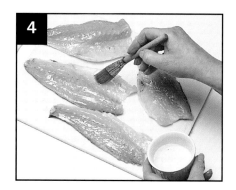

Bar à la ratatouille

Le bar est un poisson consistant aux saveurs délicieuses. Dans cette recette,
il est cuit simplement et accompagné d'une ratatouille riche en goût.

4 personnes

INGRÉDIENTS

2 bars, levés en filets avec la peau
huile d'olive, pour badigeonner
sel et poivre

RATATOUILLE
1 grosse aubergine
2 courgettes moyennes
1 cuil. à soupe de gros sel
4 cuil. à soupe d'huile d'olive

1 oignon moyen, grossièrement haché
2 gousses d'ail, hachées
1/2 poivron rouge, épépiné et coupé
   en dés
1/2 poivron vert, épépiné et coupé en dés
2 grosses tomates mûres, mondées
   et concassées
1 cuil. à soupe de basilic frais haché
sel et poivre

SAUCE
5 cuil. à soupe de basilic frais,
   grossièrement haché
2 gousses d'ail, grossièrement hachées
4 cuil. à soupe d'huile d'olive
1 cuil. à soupe de jus de citron
sel et poivre

1 Couper les aubergines et les courgettes en dés, mettre dans une passoire avec du sel et laisser dégorger 30 minutes. Rincer à l'eau froide et sécher avec du papier absorbant.

2 Chauffer l'huile dans une grande casserole, ajouter l'oignon et l'ail, et cuire 10 minutes à feu doux, jusqu'à ce qu'ils soient fondants. Ajouter les poivrons, les aubergines et les courgettes, saler et poivrer. Bien mélanger, couvrir et laisser mijoter 30 minutes à feu très doux, jusqu'à ce que tous les légumes aient légèrement ramolli. Ajouter les tomates et cuire encore 15 minutes.

3 Pour la sauce, mettre le basilic, l'ail et la moitié de l'huile d'olive dans un robot de cuisine, hacher finement et ajouter le reste d'huile, le jus de citron, le sel et le poivre.

4 Saler, poivrer le poisson, et le badigeonner d'un peu d'huile. Chauffer une poêle, une fois qu'elle est très chaude, ajouter le poisson, côté peau vers le bas, et cuire 2 à 3 minutes, jusqu'à ce que la peau soit croustillante. Retourner le poisson et cuire encore 2 à 3 minutes, jusqu'à ce qu'il soit juste cuit.

5 Au moment de servir, ajouter le basilic dans la ratatouille, répartir dans 4 assiettes et garnir du poisson frit. Arroser le pourtour de l'assiette de sauce.

Bar entier au gingembre et aux oignons verts

Ce magnifique plat s'inspire des saveurs orientales ; le bar est délicieusement parfumé par les oignons verts, le gingembre et la sauce au soja.

4 personnes

INGRÉDIENTS

1 bar de 800 g, nettoyé et écaillé

4 cuil. à soupe de sauce de soja claire

5 oignons verts, en fine julienne

2 cuil. à soupe de gingembre frais émincé

4 cuil. à soupe de feuilles de coriandre fraîche

5 cuil. à café d'huile de tournesol

4 cuil. à soupe de fumet de poisson, chaud

1 cuil. à café d'huile de sésame

riz vapeur, en accompagnement

quartiers de citron vert, en garniture

1 Laver l'intérieur et l'extérieur du poisson, sécher et badigeonner de 2 cuillerées à soupe de sauce de soja. Étaler la moitié des oignons verts et le gingembre sur la grille d'un cuit-vapeur ou une grande assiette et déposer le poisson.

2 Remplir à moitié une casserole d'eau, poser un panier à étuver et porter l'eau à ébullition. Mettre la grille avec le bar dans le cuit-vapeur, poser un couvercle adapté et maintenir l'eau à ébullition. Cuire le poisson à la vapeur 10 à 12 minutes, jusqu'à ce qu'il soit tendre.

3 Retirer la grille et transférer le poisson sur un plat de service, en laissant le gingembre et les oignons sur la grille. Parsemer le poisson avec le reste d'oignons verts et les feuilles de coriandre.

4 Mettre l'huile de tournesol dans une petite casserole et chauffer jusqu'à ce qu'elle commence à fumer. Ajouter l'huile de sésame et verser immédiatement le mélange sur le poisson et les oignons. Mélanger le reste de sauce de soja avec le fumet de poisson bouillant et en arroser le poisson. Servir le bar avec du riz vapeur, garni de quartiers de citron vert.

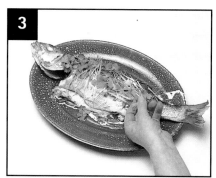

Darnes de cabillaud froides et condiment aux légumes en saumure

Les darnes de cabillaud sont pochées pour révéler leur saveur délicate. Dans cette recette on propose une sauce relevée de légumes colorés finement détaillés, tout deux servis froids.

4 personnes

INGRÉDIENTS

1 petite carotte, finement émincée
1 petit oignon, finement émincé
1 branche de céleri, finement émincée
3 brins de persil frais
3 brins de thym frais
1 gousse d'ail, émincée
1,75 l d'eau
1 cuil. à café de sel
4 darnes de cabillaud de 175 g chacune

CONDIMENT AUX LÉGUMES
  EN SAUMURE
$1/4$ de poivron rouge, épépiné et coupé
  en dés
$1/2$ petit oignon rouge, coupé en dés
1 gousse d'ail, finement hachée
3 cuil. à soupe de cornichons coupés
  en dés
4 cuil. à soupe d'olives vertes
  dénoyautées et hachées

1 petite carotte, coupée en dés
1 cuil. à soupe de câpres, rincées
  et égouttées
2 anchois salés, trempés 15 minutes
  dans plusieurs bains d'eau, hachés
1 cuil. à soupe de vinaigre de vin rouge
100 ml d'huile d'olive
2 cuil. à soupe de persil frais haché
sel et poivre
salade verte, en accompagnement

1 Mettre la carotte, l'oignon, le céleri, le persil, le thym, l'ail, l'eau et le sel dans une grande casserole, porter à ébullition et laisser frémir 10 minutes à feu doux. Ajouter les darnes de cabillaud et pocher 5 à 7 minutes, jusqu'à ce qu'elles soient fermes au centre, retirer le poisson de l'eau à l'aide d'une écumoire et laisser refroidir. Réserver 2 heures au frais.

2 Entre-temps, préparer le condiment. Mélanger la carotte, le poivron rouge, l'oignon rouge, l'ail, les cornichons, les olives, les câpres, les anchois, le vinaigre, l'huile d'olive et le persil dans une terrine non métallique, saler et poivrer. Ajouter un peu de vinaigre ou d'huile d'olive si nécessaire, couvrir de film alimentaire et réfrigérer 1 heure.

3 Au moment de servir, mettre une darne de cabillaud froide par assiette, napper de condiment, et servir immédiatement avec une salade verte.

Pagre en croûte de sel

Le fait de cuire le poisson en croûte de sel lui permet de conserver
son moelleux sans devenir trop salé.

4 personnes

INGRÉDIENTS

1 pagre de 1 kg
1 échalote, finement émincée
2 brins de persil frais
1 brin d'estragon frais
2 gousses d'ail, grossièrement hachées
2 à 2,5 kg de gros sel

SAUCE AU BEURRE CITRONNÉ
2 échalotes, très finement hachées
4 cuil. à soupe de jus de citron
300 g de beurre froid, coupé en dés
sel et poivre

GARNITURE
quartiers de citron
fines herbes fraîches

1 Laver l'intérieur et l'extérieur du pagre, sécher et farcir l'intérieur avec les échalotes, le persil, l'estragon et l'ail. Réserver.

2 Recouvrir d'une couche épaisse de gros sel le fond d'une lèchefrite suffisamment grande pour accueillir très largement le poisson, poser le poisson dessus et le recouvrir complètement du reste de sel. Mouiller le sel d'un peu d'eau et cuire au four préchauffé, à 220 °C (th. 7-8), 15 minutes.

3 Entre-temps, préparer la sauce au beurre citronné. Mettre les échalotes et le jus de citron dans une casserole, laisser mijoter 5 minutes à feu doux et augmenter la température. Laisser bouillir jusqu'à ce que le jus de citron ait réduit de moitié, réduire la température et ajouter le beurre, progressivement en battant, jusqu'à ce qu'il soit complètement incorporé et que la sauce ait épaissi. Saler, poivrer et réserver au chaud.

4 Retirer le poisson du four et réserver 5 minutes avant d'ouvrir la croûte de sel. Retirer le poisson, garnir de quartiers de citron et de fines herbes fraîches, et servir avec la sauce au beurre citronné.

CONSEIL

Le sel permet au poisson de conserver tout son moelleux. Supprimez toute trace de croûte avant de servir.

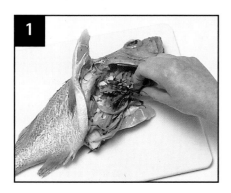

Seiche cuite dans son encre

*C'est un plat spectaculaire, dont l'aspect visuel est accentué par l'ajout d'encre de seiche.
Ce plat typiquement espagnol est accompagné de polenta, dont la couleur jaune pâle contraste
avec le noir de l'encre de seiche.*

4 personnes

INGRÉDIENTS

450 g de petites seiches, avec leur encre
  (ou du calmar)

4 cuil. à soupe d'huile d'olive

1 petit oignon, finement haché

2 gousses d'ail, finement hachées

1 cuil. à café de paprika, de préférence
  d'Espagne

175 g de tomates mûres, mondées,
  épépinées et concassées

150 ml de vin rouge

150 ml de fumet de poisson

225 g de polenta instantanée

3 cuil. à soupe de persil plat haché

sel et poivre

1 Pour la seiche, couper
les tentacules au niveau des yeux,
retirer le bec au centre des tentacules,
et jeter la tête après l'avoir séparée
du corps. Ouvrir le corps de haut
en bas le long du dos noir, retirer l'os
transparent et les viscères, et réserver
la poche à encre. Retirer la peau, rincer
et sécher le corps. Hacher
grossièrement la chair et réserver.
Ouvrir la poche à encre, diluer l'encre
avec un peu d'eau dans une petite
terrine, et réserver.

2 Chauffer l'huile dans un fait-tout,
ajouter l'oignon, et cuire 8 à
10 minutes à feu doux, jusqu'à ce
qu'il soit fondant et commence à
dorer. Ajouter l'ail, cuire 30 secondes,
ajouter la seiche et cuire encore
5 minutes, jusqu'à ce qu'elle
commence à brunir. Ajouter le
paprika, mélanger 30 secondes et
ajouter les tomates. Faire fondre
2 à 3 minutes.

3 Mouiller avec le vin rouge,
le fumet de poisson et l'encre
diluée, bien mélanger, et porter
à ébullition. Laisser mijoter, sans
couvrir, 25 minutes, jusqu'à ce que
la seiche soit tendre et la sauce épaisse,
saler et poivrer selon son goût.

4 Cuire la polenta selon
les instructions figurant sur
le paquet, retirer du feu et incorporer
le persil, le sel et le poivre.

5 Répartir la polenta dans
4 assiettes et recouvrir
de la seiche et de sa sauce.

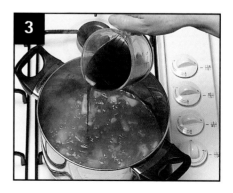

Noisettes de saumon

Voici une manière originale et élaborée de présenter un ordinaire steak de saumon.

4 personnes

INGRÉDIENTS

4 darnes de saumon
50 g de beurre, en pommade
1 gousse d'ail, hachée
2 cuil. à café de grains de moutarde
2 cuil. à soupe d'huile

1 cuil. à soupe de persil frais haché
2 cuil. à soupe de thym frais haché
4 tomates mondées, épépinées
 et concassées
sel et poivre

ACCOMPAGNEMENT
pommes de terre nouvelles
légumes verts ou salade

1 Retirer délicatement l'arête centrale des darnes de saumon, couper les darnes en deux, et rapprocher les bords pour former un médaillon. Maintenir fermé avec de la ficelle de cuisine. Battre le beurre, l'ail, la moutarde, le thym et le persil jusqu'à ce que les ingrédients soient bien mélangés, saler et poivrer.

2 Chauffer l'huile dans une poêle à fond rainuré, ajouter les médaillons de saumon, en plusieurs fois si nécessaire, et faire dorer des deux côtés. Retirer de la poêle, égoutter sur du papier absorbant et laisser tiédir.

3 Couper 4 carrés de 30 cm de papier sulfurisé, mettre 2 médaillons de saumon par carré et garnir d'un peu de beurre aromatisé et d'un quart des tomates. Rapprocher les bords du papier et rabattre pour enfermer le poisson. Mettre sur une plaque de four.

4 Cuire au four préchauffé, à 200 °C (th. 6-7), 10 à 15 minutes, jusqu'à ce que le saumon soit cuit à cœur, et retirer le saumon de la papillote. Mettre sur des assiettes chaudes, retirer la ficelle et servir immédiatement, avec des pommes de terre nouvelles et des légumes verts.

VARIANTE

Apprêtez des steaks de cabillaud de la même façon. Faites-les cuire avec un beurre aromatisé à la ciboulette et au basilic.

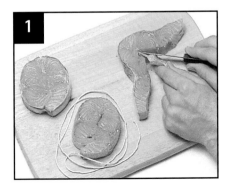

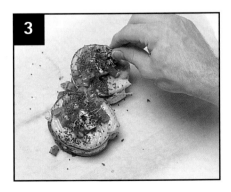

Saumon entier poché

*Bien que cuisiné le plus simplement du monde,
un saumon entier sera toujours un plat très impressionnant.*

4 à 6 personnes

INGRÉDIENTS

1,5 kg de saumon, nettoyé et écaillé
3 volumes de court-bouillon
   (*voir* page 122)
1/2 concombre, très finement émincé

MAYONNAISE AU CRESSON
1 jaune d'œuf
1 gousse d'ail, hachée
1 cuil. à café de moutarde de Dijon
1 cuil. à soupe de jus de citron

50 g de cresson, grossièrement haché
1 cuil. à soupe de basilic frais haché
225 ml d'huile d'olive légère
1 oignon vert, finement haché
sel et poivre

1 Laver, sécher le saumon et retirer les nageoires. Mettre le saumon dans une poissonnière ou dans un grand plat allant au four à fond épais, mouiller avec le court-bouillon et porter à ébullition à feu doux. Au premier bouillon, retirer du feu et laisser refroidir.

2 Pour la mayonnaise au cresson, mettre le jaune d'œuf, l'ail, le jus de citron, le basilic et le cresson dans un robot de cuisine et mixer jusqu'à ce que les fines herbes soient

très finement hachées. Commencer à ajouter l'huile d'olive, goutte à goutte, jusqu'à épaississement, puis en un filet continu jusqu'à ce que toute l'huile soit incorporée. Mettre la mayonnaise dans une terrine et ajouter l'oignon vert, saler et poivrer. Couvrir de film alimentaire et réserver au frais.

3 Une fois le saumon froid, retirer délicatement du liquide de pochage et sécher le poisson avec du papier absorbant. Retirer

délicatement la peau en commençant par la partie la plus ronde du poisson, retourner le poisson et retirer la peau sur l'autre face plus plate. Glisser délicatement un couteau large le long de l'arête centrale pour séparer la chair et l'enlever en une fois, et retourner sur un plat de service, côté coupé vers le haut.

4 Retirer les arêtes présentes sur l'autre moitié du poisson, ramener les deux moitiés l'une sur l'autre pour recréer le saumon – cela facilitera le service – et remettre la tête et la queue pour reconstituer le poisson entier.

5 Disposer les rondelles de concombre sur le poisson, en commençant par la queue pour former des écailles et servir avec la mayonnaise au cresson.

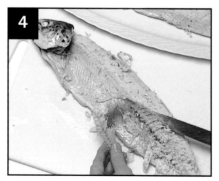

Queue de lotte farcie

Un plat très impressionnant et cependant très simple à réaliser.

6 personnes

INGRÉDIENTS

750 g de queue de lotte, sans la peau et parée

4 cuil. à soupe de mélange de fines herbes mélangées, hachées (persil, ciboulette, basilic, sauge par exemple)

6 tranches de jambon de Parme
1 cuil. à café de zeste de citron finement râpé
2 cuil. à soupe d'huile d'olive
sel et poivre

ACCOMPAGNEMENT
poêlée de légumes
pommes de terre nouvelles

1 À l'aide d'un couteau tranchant, pratiquer une incision le long de l'arête centrale de la lotte pour lever deux filets, laver les filets à l'eau froide et sécher sur du papier absorbant.

2 Poser les tranches de jambon de Parme dans la largeur sur un plan de travail en les faisant se chevaucher légèrement et poser les filets de poisson sur le jambon, en mettant les deux côtés coupés face à face.

3 Mélanger les fines herbes hachées et le zeste de citron, saler et poivrer généreusement. Étaler cette préparation sur la surface d'un filet de lotte, appuyer les deux filets l'un contre l'autre et bien envelopper de tranches de jambon de Parme. Maintenir fermé avec de la ficelle de cuisine ou des piques à cocktail.

4 Chauffer l'huile d'olive dans une grande poêle allant au four, mettre le poisson dans la poêle, jointure vers le haut et saisir la queue de lotte enveloppée sur toutes ses faces.

5 Cuire au four préchauffé, à 200 °C (th. 6-7), 25 minutes, jusqu'à ce que le poisson soit doré et tendre, retirer du four et laisser reposer 10 minutes avant de découper en tranches épaisses. Servir avec une poêlée de légumes et des pommes de terre nouvelles.

CONSEIL

On peut retirer l'arête centrale d'une queue de lotte sans séparer totalement les filets. Il est ainsi plus facile de la farcir, mais il faut de la pratique.

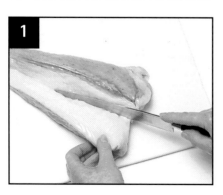

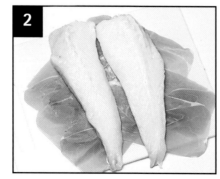

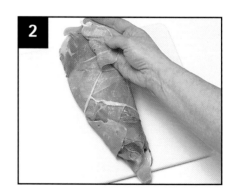

Homard grillé au beurre blanc

*Si vous préférez, vous pouvez griller les homards au barbecue. Disposez les carapaces vers le bas
– pour protéger la chair délicate du homard de la chaleur excessive dégagée par le feu –
et laissez cuire jusqu'à ce que la chair soit presque cuite puis retournez-les quelques instants.*

4 personnes

INGRÉDIENTS

4 homards vivants de 450 g chacun
25 g de beurre

BEURRE BLANC
25 g d'échalotes, finement hachées
1 cuil. à soupe de vinaigre de vin blanc

1 cuil. à soupe de vin blanc sec
50 ml d'eau
150 g de beurre froid, coupé en dés
2 cuil. à soupe d'estragon frais haché
1 cuil. à soupe de persil frais haché

GARNITURE
sel et poivre
quartiers de citron
brins de fines herbes fraîches

1 Mettre les homards 2 heures au congélateur, à l'aide d'un grand couteau, les fendre en deux dans la longueur derrière la tête, et parsemer la chair du homard de beurre. Transférer sur une lèchefrite, côté chair vers le haut et passer 5 à 7 minutes au gril préchauffé à haute température, jusqu'à ce que la chair devienne ferme et opaque.

2 Mettre les échalotes dans une petite casserole avec le vinaigre, le vin blanc et l'eau, porter à ébullition et laisser mijoter jusqu'à ce qu'il reste 1 cuillerée à soupe de liquide. Réduire la température et commencer à ajouter le beurre à feu doux, un morceau après l'autre, sans cesser de battre, en veillant à ce que le beurre soit bien incorporé avant chaque nouvel ajout. Continuer ainsi jusqu'à ce que tout le beurre ait été utilisé et que la sauce ait épaissi.

3 Incorporer l'estragon et le persil, saler et poivrer selon son goût.

4 Transférer le homard sur 4 assiettes, napper de beurre blanc et garnir de quartiers de citron et de fines herbes.

CONSEIL

*Certains conseillent
de mettre le homard
vivant 2 heures au congélateur
avant de le cuire pour lui éviter
toute douleur au moment
de le tuer. Toutefois, si cela vous gêne,
demandez à votre poissonnier
de le tuer pour vous.*

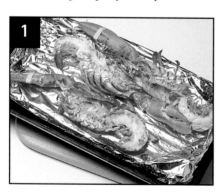

Salade de homard et d'avocat

Ce n'est pas tout à fait un plat principal mais cette recette convient parfaitement à un déjeuner léger, accompagné de pain frais, ou peut être proposé dans un buffet.

4 personnes

INGRÉDIENTS

2 homards cuits de 400 g chacun
1 gros avocat
1 cuil. à soupe de jus de citron
225 g de haricots verts
2 cuil. à soupe de cerfeuil frais haché

1 cuil. à soupe de ciboulette fraîche
   ciselée
sel
4 oignons verts, finement émincés

VINAIGRETTE
1 gousse d'ail, hachée
1 cuil. à café de moutarde de Dijon
1 pincée de sucre
1 cuil. à soupe de vinaigre balsamique
5 cuil. à soupe d'huile d'olive
sel et poivre

1 Pour les homards, couper en deux dans la longueur, retirer la veine noire qui court le long de la queue, la poche à graviers et les membranes grises situées dans le coffre près de la tête, et casser les pinces. Retirer la chair, en un seul morceau si possible, retirer la chair de la queue et hacher grossièrement. Réserver.

2 Fendre l'avocat en deux, retirer le noyau et couper à nouveau chaque moitié en deux. Enlever la peau, couper l'avocat en dés et arroser de jus de citron. Ajouter à la chair de homard.

3 Porter une grande casserole d'eau légèrement salée à ébullition, plonger les haricots et cuire 3 minutes. Égoutter, rafraîchir immédiatement à l'eau courante et égoutter de nouveau. Laisser complètement refroidir, couper les haricots en deux et ajouter à l'avocat et au homard. Bien mélanger.

4 Entre-temps, préparer la vinaigrette, fouetter l'ail, la moutarde, le sucre et le vinaigre, saler et poivrer. Ajouter petit à petit l'huile et fouetter, jusqu'à épaississement.

5 Ajouter les oignons verts, le cerfeuil et la ciboulette dans la préparation au homard et aux avocats, mélanger délicatement et arroser de vinaigrette. Servir immédiatement.

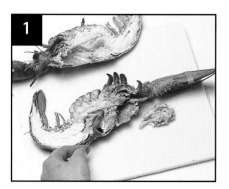

Plateau de fruits de mer

Un plateau de fruits de mer reste une expérience incomparable pour celui qui aime les produits de la mer. Utilisez cette recette comme guide pour accommodez les fruits de mer disponibles.

6 personnes

INGRÉDIENTS

36 moules fraîches, grattées
  et ébarbées
18 huîtres fraîches
3 homards cuits de 450 g chacun
3 crabes cuits de 750 g chacun
36 langoustines ou crevettes cuites
clams, coques, bigorneaux, bulots,
  coquilles Saint-Jacques et oursins
sel et poivre

MAYONNAISE
1 jaune d'œuf
1 cuil. à café de moutarde de Dijon
1 cuil. à soupe de jus de citron
300 ml d'huile d'olive

VINAIGRETTE À L'ÉCHALOTE
150 ml de vinaigre de vin rouge
  de qualité supérieure
3 échalotes, finement hachées
1 cuil. à soupe d'huile d'olive

ACCOMPAGNEMENT
algues
glace pilée
3 citrons, coupés en quartiers

1 Préparer les fruits de mer choisis. Laver les moules, les clams et les coques, cuire 3 à 4 minutes dans une petite quantité d'eau, jusqu'à ce qu'ils s'ouvrent, et égoutter. Rafraîchir à l'eau courante. Mettre les bigorneaux et les bulots dans des casseroles séparées avec de l'eau bouillante salée, égoutter les bigorneaux à la reprise de l'ébullition. Cuire les bulots 4 minutes et égoutter. Cuire les Saint-Jacques à la vapeur sur leur demi-coquille, jusqu'à ce que la chair s'opacifie. Couper les oursins en deux et enlever l'excès d'eau. Rafraîchir les huîtres à l'eau courante, les ébarber si nécessaire et les ouvrir, en veillant à ce qu'il ne reste pas d'éclat de coquille à l'intérieur.

2 Pour la mayonnaise, mettre le jaune d'œuf, la moutarde, le jus de citron, du sel et du poivre dans un robot de cuisine et mixer 30 secondes, jusqu'à ce que le mélange soit mousseux. Moteur en marche, ajouter l'huile, goutte à goutte, jusqu'à épaississement, puis en un filet continu jusqu'à ce qu'elle soit incorporée. Ajouter un peu d'eau chaude si elle est trop épaisse, couvrir et réserver au réfrigérateur.

3 Pour la vinaigrette, mélanger le vinaigre, l'huile d'olive, les échalotes et l'ail dans une terrine, saler et poivrer. Réserver 2 heures à température ambiante.

4 Mettre les algues sur un plateau, couvrir de glace pilée et disposer les fruits de mer et les quartiers de citron, en ajoutant de la glace petit à petit. Servir la mayonnaise et la vinaigrette à part.

Bouillabaisse

Comme dans de nombreuses recettes traditionnelles, la soupe et le poisson sont servis séparément et accompagnés d'une savoureuse sauce relevée.

6 à 8 personnes

INGRÉDIENTS

5 cuil. à soupe d'huile d'olive

2 gros oignons, finement hachés

1 poireau, finement haché

4 gousses d'ail, hachées

½ petit bulbe de fenouil, finement haché

5 tomates mûres, mondées et concassées

1 brin de thym frais

2 fines lanières de zestes d'orange

1,75 l de fumet de poisson, chaud

2 kg de poissons mélangées (saint-pierre, bar, pagre, rouget-barbet, cabillaud, raie, crabes à carapace molle, crevettes roses crues, langoustines...), coupés en morceaux de taille égale (les coquillages restent entiers)

12 à 18 tranches épaisses de baguette

sel et poivre

SAUCE AU POIVRON ROUGE ET AU SAFRAN

1 poivron rouge, épépiné et coupé en quartiers

150 ml d'huile d'olive légère

1 jaune d'œuf

1 bonne pincée de safran

1 pincée de flocons de piment

jus de citron, selon son goût

1 Commencer par préparer la sauce au poivron rouge et au safran. Badigeonner les poivrons d'un peu d'huile, cuire au gril préchauffé à haute température 5 à 6 minutes de chaque côté, jusqu'à ce que la peau noircisse, et mettre dans un sac en plastique. Laisser refroidir et enlever la peau.

2 Mettre le poivron, le jaune d'œuf, le safran, les flocons de piment, le jus de citron, le sel et le poivre dans un robot de cuisine et mixer jusqu'à obtention d'une consistance homogène. Moteur en marche, ajouter l'huile restante, goutte à goutte, jusqu'à épaississement, puis en filet continu jusqu'à ce qu'elle soit bien incorporée et que le mélange ait épaissi. Ajouter de l'eau chaude si elle est trop épaisse.

3 Chauffer l'huile d'olive dans un fait-tout, ajouter l'oignon, le poireau, l'ail et fenouil, et cuire 10 à 15 minutes, à feu doux, jusqu'à ce qu'ils soient dorés. Ajouter les tomates, le thym, le zeste d'orange, le sel et le poivre, et cuire encore 5 minutes pour que les tomates se défassent.

4 Mouiller avec le fumet, porter à ébullition et laisser mijoter 10 minutes, jusqu'à ce que tous les légumes soient tendres. Ajouter le poisson, porter de nouveau à ébullition et laisser mijoter 10 minutes.

5 Griller le pain. Disposer le poisson dans des assiettes à soupe, verser un peu de soupe, et servir avec le pain et la sauce au poivron et au safran. Servir la soupe à part.

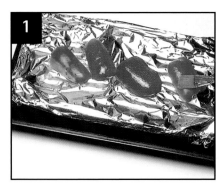

Soufflé au crabe

Les soufflés sont des plats exceptionnels et celui-ci ne fait pas exception à la règle. Servez-le chaud, à la sortie du four, mais ne vous inquiétez pas si vous le voyez s'affaisser une fois à table.

4 à 6 personnes

INGRÉDIENTS

40 g de beurre, un peu plus
   pour graisser
25 g de chapelure
1 petit oignon, finement haché
1 gousse d'ail, hachée
2 cuil. à café de poudre de moutarde

25 g de farine
225 ml de lait
50 g de gruyère, râpé
3 œufs, blancs et jaunes séparés
225 g de chair de crabe, fraîche
   ou décongelée

2 cuil. à soupe de ciboulette fraîche
   hachée
1 pincée de poivre de Cayenne
sel et poivre

1 Beurrer généreusement un moule à soufflé d'une contenance de 1,5 l, ajouter la chapelure et remuer pour en recouvrir tout le moule. Enlever l'excédent et réserver sur une plaque de four.

2 Faire fondre le beurre dans une grande casserole, ajouter l'oignon et cuire 8 minutes à feu doux, en remuant de temps en temps, jusqu'à ce qu'il soit fondant sans laissant dorer. Ajouter l'ail et cuire 1 minute. Incorporer la poudre de moutarde et la farine et cuire,

en remuant, 1 minute. Mouiller petit à petit avec le lait, sans cesser de battre jusqu'à obtention d'une consistance homogène, et augmenter légèrement la température. Porter doucement la préparation à ébullition, sans cesser de remuer, laisser mijoter 2 minutes à feu doux et retirer la casserole du feu. Incorporer le fromage et laisser refroidir légèrement.

4 Battre les jaunes d'œufs, ajouter la chair de crabe, la ciboulette, le poivre de Cayenne, le sel et le poivre.

5 Dans une terrine, battre les blancs d'œufs en neige ferme, ajouter une bonne cuillerée de blancs d'œufs à la préparation au crabe et mélanger pour la délayer. Incorporer délicatement le reste des blancs, mélanger jusqu'à obtention d'une consistance homogène et verser dans le moule couvert de chapelure.

6 Cuire au four préchauffé, à 200 °C (th. 6-7), 25 minutes, jusqu'à ce que le soufflé soit bien gonflé et doré, et servir immédiatement.

Roulé aux épinards

Ce plat sera savoureux accompagné de la délicieuse sauce tomate minute qui accompagne les croquettes de thon à la page 142.

4 personnes

INGRÉDIENTS

25 g de beurre
225 g d'épinards surgelés, décongelés et égouttés
4 œufs, blancs et jaunes séparés
200 ml de lait
25 g de farine
1 cuil. à soupe d'estragon haché

½ cuil. à café de noix muscade fraîche râpée
huile d'olive, pour badigeonner
sel et poivre

FARCE
375 g de filet de haddock sans la peau
125 g de ricotta

25 g de parmesan, râpé
4 oignons verts
2 cuil. à soupe de ciboulette fraîche hachée
50 g de tomates séchées au soleil à l'huile d'olive, égouttées et finement concassées

1 Graisser une plaque de four de 33 x 23 cm et chemiser de papier sulfurisé. Presser les épinards pour en exprimer le plus d'eau possible, hacher finement et réserver.

2 Faire fondre le beurre dans une casserole, ajouter la farine et cuire 30 secondes, en remuant. Mouiller petit à petit avec le lait, battre jusqu'à obtention d'un consistance homogène et porter à ébullition. Laisser mijoter 2 minutes, en remuant, retirer du feu et laisser tiédir.

3 Ajouter les épinards, les jaunes d'œufs, l'estragon, la noix muscade, le sel et le poivre. Battre les blancs d'œufs en neige ferme, mélanger 1 cuillerée de blancs aux épinards et incorporer délicatement le reste en veillant à obtenir un mélange homogène. Verser sur la plaque et lisser la surface.

4 Cuire au four préchauffé, à 200 °C (th. 6-7), 15 minutes, jusqu'à ce que la préparation ait monté, soit dorée et ferme au centre,

retourner sur un torchon et enlever le papier sulfurisé. Enrouler à partir de la largeur.

5 Pour la farce, recouvrir le haddock d'eau bouillante, laisser tremper 10 minutes, jusqu'à ce qu'il soit tendre, et retirer le poisson. Émietter délicatement, en ôtant les arêtes, et mélanger avec la ricotta, le parmesan, les oignons verts, la ciboulette, les tomates séchées au soleil, le sel et le poivre.

6 Dérouler le roulé, étaler la préparation au haddock, en laissant une marge de 2,5 cm autour, et rouler étroitement l'ensemble. Remettre 20 minutes au four, jointure vers le bas.

Gratin de poisson royal

Un plat exceptionnel pour une soirée de fête !

4 personnes

INGRÉDIENTS

80 g de beurre

3 échalotes, finement hachées

115 g de champignons de Paris,
    coupés en deux

2 cuil. à soupe de vin blanc sec

900 g de moules fraîches, grattées et
    ébarbées

300 g de filet de lotte, coupé en cubes

300 g de filet de cabillaud,
    sans la peau, coupé en cubes

1 volume de court-bouillon
    (*voir* page 122)

300 g de filet de limande,
    sans la peau, coupé en cubes

115 g de gambas, décortiquées

25 g de farine

50 g de crème fraîche épaisse

GARNITURE À LA POMME DE TERRE

1,5 kg de pommes de terre farineuses,
    coupées en cubes

50 g de beurre

2 jaunes d'œufs

120 ml de lait

1 pincée de noix muscade fraîchement
    râpée

sel et poivre

persil frais, en garniture

1 Pour la farce, faire fondre 25 g de beurre dans un fait-tout, ajouter les échalotes et cuire 5 minutes, jusqu'à ce qu'elles soient fondantes. Ajouter et cuire les champignons 2 minutes. Mouiller avec le vin, laisser mijoter jusqu'à ce que liquide se soit évaporé, et verser dans un plat peu profond d'une contenance de 1,5 l et réserver.

2 Mettre les moules dans une casserole avec une petite quantité

d'eau, couvrir et cuire 3 à 4 minutes à feu vif, jusqu'à ce qu'elles soient ouvertes. Jeter celles qui restent fermées. Égoutter et réserver le jus de cuisson. Lorsque les moules sont froides, décoquiller et ajouter aux champignons.

3 Porter à ébullition le court-bouillon, ajouter la lotte et laisser pocher 2 minutes. Ajouter le cabillaud, la limande et les gambas et laisser pocher 2 minutes. Ajouter le poisson aux moules et aux champignons.

4 Faire fondre le beurre restant dans une casserole, ajouter la farine et mélanger jusqu'à obtention d'une consistance homogène. Cuire 2 minutes, mouiller petit à petit avec le court-bouillon chaud et le jus de cuisson des moules, et mélanger jusqu'à épaississement. Ajouter

la crème en remuant, laisser mijoter 15 minutes à feu doux, saler et poivrer selon son goût. Verser sur le poisson.

5 Cuire les pommes de terre à l'eau bouillante, égoutter et réduire en purée avec le beurre, les jaunes d'œufs, le lait, la noix muscade, le sel et le poivre. Napper le poisson à l'aide d'une poche à douille ou d'une spatule et marquer la surface à l'aide d'une fourchette.

6 Cuire au four préchauffé, à 200 °C (th. 6-7), 30 minutes, jusqu'à ce que la surface soit gratinée, garnir de persil frais et servir.

Koulibiac de saumon

Le koulibiac est sans doute la tarte au poisson la plus savoureuse. Cette recette a été créée au XIXᵉ siècle par un chef français travaillant à la cour impériale de Russie.

4 personnes

INGRÉDIENTS

50 g de riz long grain
3 œufs
2 cuil. à soupe d'huile
1 oignon, finement haché
1 gousse d'ail, hachée
1 cuil. à café de zeste de citron, finement râpé

2 cuil. à soupe de persil frais haché
1 cuil. à soupe d'aneth frais haché
450 g de filet de saumon, sans la peau et coupé en dés
500 g de pâte feuilletée, fraîche ou décongelée
œuf battu, pour le glaçage

HOLLANDAISE MINUTE
175 g de beurre
1 cuil. à soupe de vinaigre de vin
2 cuil. à soupe de jus de citron
3 jaunes d'œufs
sel et poivre

1 Cuire le riz dans une casserole d'eau bouillante salée 7 à 8 minutes, jusqu'à ce qu'il soit tendre, égoutter et réserver. Porter une casserole d'eau à ébullition, ajouter les œufs et, à la reprise de l'ébullition, cuire 8 minutes. Égoutter, rafraîchir à l'eau courante et écaler. Émincer finement.

2 Chauffer l'huile dans une poêle, ajouter l'oignon et cuire à feu doux 5 minutes, jusqu'à ce qu'il soit fondant 5 minutes. Ajouter l'ail

et cuire 30 secondes. Ajouter au riz avec le zeste de citron, le persil, l'aneth et le saumon.

3 Abaisser la pâte en un rectangle de 40 x 30 cm, poser sur une plaque de four huilée et recouvrir la moitié de la pâte de la farce, en laissant une marge d'environ 2 cm. Disposer les œufs et recouvrir du reste de farce.

4 Dorer les bords de la pâte à l'œuf battu, replier la seconde moitié de la pâte et pincer les bords pour souder. Faire des marques sur la pâte à l'aide d'un petit couteau tranchant, en veillant à ne pas traverser la pâte, décorer avec des découpes de pâte et dorer à l'œuf battu.

5 Cuire au préchauffé, à 200 °C (th. 6-7), 30 à 35 minutes, jusqu'à ce que la pâte soit gonflée et dorée.

6 Pour la sauce, mettre le beurre dans une casserole, faire fondre à feu doux. Mettre le vinaigre de vin et le jus de citron dans une autre casserole et porter à ébullition. Mettre les jaunes d'œufs et une pincée de sel dans un robot de cuisine et mixer. Moteur en marche, ajouter petit à petit le vinaigre et le jus de citron chauds. Verser le beurre chaud en un mince filet continu dans le robot de cuisine, jusqu'à ce qu'il soit complètement incorporé et que la sauce ait épaissi, saler et poivrer.

7 Réserver la sauce au chaud en la mettant dans une terrine au-dessus d'une casserole d'eau chaude. Servir avec la sauce hollandaise.

Tourte au saumon et à la courgette

*Cette tourte est la simplicité même et peut être préparée à l'avance
et réchauffée à la dernière minute.*

4 personnes

INGRÉDIENTS

2 cuil. à soupe d'huile d'olive
2 poivrons rouges, parés, épépinés
 et hachés
1 oignon de taille moyenne,
 finement haché
2 œufs

225 g de filet de saumon,
 sans la peau et coupé en dés
1 courgette, émincée
1 cuil. à café d'aneth frais haché
sel et poivre
ail chinois, en garniture

PÂTE
350 g de farine
1/2 cuil. à café de sel
175 g de beurre froid, coupé en dés
2 jaunes d'œufs
œuf battu ou lait, pour le glaçage

1 Chauffer l'huile dans une casserole, ajouter les poivrons, l'oignon, un peu de sel et de poivre et faire fondre 10 à 15 minutes à feu doux. Mettre dans un robot de cuisine et mixer jusqu'à obtention d'une consistance homogène ou passer au chinois.

2 Porter une casserole d'eau à ébullition, ajouter les œufs et, à la reprise de l'ébullition, cuire 10 minutes. Rafraîchir immédiatement à l'eau courante, lorsqu'ils sont refroidis, égoutter et écaler.

3 Hacher les œufs grossièrement, ajouter à la purée de poivrons avec le saumon, la courgette, l'aneth, le sel et le poivre, et bien mélanger. Réserver.

4 Pour la pâte, mettre la farine dans une terrine, une demi-cuillerée à café de sel, pétrir le beurre et la farine avec le bout des doigts jusqu'à obtention d'une consistance de chapelure et ajouter les jaunes d'œufs et 3 à 4 cuillerées à soupe d'eau pour obtenir une pâte ferme. Pétrir sur un plan de travail fariné jusqu'à ce que la pâte soit souple.

5 Abaisser un peu plus de la moitié de la pâte pour foncer un moule à tarte de 23 cm de diamètre, verser la préparation au saumon et humecter les bords avec de l'eau.

6 Abaisser le reste de pâte, recouvrir la farce et pincer les bords pour la souder. Faire une fente ou une croix sur le dessus pour laisser évacuer la vapeur. Abaisser les chutes et les couper en forme de queue de poisson ou de feuilles et en décorer les bords de la tourte, en les fixant avec de l'œuf battu ou du lait. Glacer le reste de la tourte avec un peu plus d'œuf ou de lait.

7 Cuire au four préchauffé, à 200 °C (th. 6-7), 35 à 40 minutes, jusqu'à ce que la pâte soit dorée, garnir d'ail chinois et servir très chaud.

Quiche à la truite fumée à chaud

Vous pouvez trouver de la truite fumée à chaud dans les poissonneries et les grands supermarchés.
Ce poisson est cuit lors du processus de fumage, la chair cuit traditionnellement mais possède un goût fumé.

6 personnes

INGREDIENTS

175 g de farine
1 cuil. à café de sel
80 g de beurre, coupé en dés
1 jaune d'œuf

FARCE
25 g de beurre
1 cuil. à café de grains de poivre vert
   en saumure, égouttés
   et grossièrement concassés
2 cuil. à café de gingembre confit,
   égoutté
2 cuil. à café de sirop de gingembre
   confit

1 petit oignon, finement haché
225 g de filets de truite fumée
   à chaud, émiettés
3 jaunes d'œufs
200 ml de crème fraîche
1 cuil. à soupe de persil frais, haché
1 cuil. à soupe de ciboulette fraîche
   hachée
sel et poivre

1 Tamiser la farine et le sel, pétrir le beurre et la farine avec les doigts jusqu'à obtention d'une consistance de chapelure grossière, et ajouter le jaune d'œuf et suffisamment d'eau, environ 2 cuillerées à soupe, pour obtenir une pâte ferme. Pétrir brièvement, envelopper de film alimentaire et réfrigérer 30 minutes.

2 Pour la farce, faire fondre le beurre dans une poêle, ajouter l'oignon et cuire 8 à 10 minutes à feu doux, jusqu'à ce qu'il soit fondant sans laisser dorer. Retirer du feu, incorporer le poivre, le gingembre, le sirop de gingembre et la truite émiettée, et réserver.

3 Retirer la pâte du réfrigérateur, abaisser finement pour foncer un moule à tarte de 23 cm de diamètre et piquer le fond à intervalles réguliers à l'aide d'une fourchette. Recouvrir la pâte de papier d'aluminium ou sulfurisé et de légumes secs, cuire au four préchauffé, à 180 °C (th. 6), 12 minutes, et retirer le papier et les légumes secs. Cuire encore 10 minutes, jusqu'à ce que la pâte soit dorée et sèche, retirer du four et laisser tiédir. Réduire la température du four à 180 °C (th. 6) et étaler la préparation à la truite sur le fond de tarte.

4 Mélanger les jaunes d'œufs, la crème, le persil, la ciboulette, le sel et le poivre, recouvrir la truite de cette préparation et cuire au four préchauffé, 15 à 20 minutes, jusqu'à ce que la quiche soit cuite et dorée. Retirer du four et laisser tiédir avant de servir avec une salade verte ou des légumes verts.

Tarte au haddock et aux épinards

Le haddock fumé donne à cette tarte, simple à réaliser,
une saveur délicieuse.

6 personnes

INGREDIENTS

80 g de farine complète
80 g de farine de froment
1 pincée de sel
80 g de beurre froid, coupé en dés

FARCE
350 g de filet de haddock
150 ml de lait, plus 2 cuil. à soupe
150 ml de crème fraîche épaisse,
   plus 2 cuil. à soupe
115 g de jeunes épinards, décongelés
3 jaunes d'œufs, légèrement battus

80 g de cheddar affiné, râpé
sel et poivre

ACCOMPAGNEMENT
endives
cresson
tranches d'orange

---

1 Pour la pâte, mélanger les farines et le sel dans une terrine, incorporer le beurre avec les doigts de façon à obtenir une consistance de chapelure et ajouter suffisamment d'eau, environ 2 à 3 cuillerées à soupe, pour obtenir une pâte ferme. Pétrir jusqu'à ce que la pâte soit souple.

2 Abaisser la pâte pour foncer un moule à tarte de 20 cm de diamètre, congeler le moule 15 minutes et couvrir de papier d'aluminium et de légumes secs. Cuire au four préchauffé, à 200 °C

(th. 6-7), 10 à 12 minutes, retirer le papier et les légumes et cuire 10 minutes, jusqu'à ce que la pâte soit légèrement dorée et sèche. Laisser refroidir et réduire la température du four à 190 °C (th. 6-7).

3 Mettre le haddock dans une poêle, ajouter le lait et la crème fraîche, et porter à ébullition. Couvrir, retirer du feu et laisser reposer 10 minutes, jusqu'à ce que le poisson soit tendre. Retirer à l'aide d'une écumoire et filtrer le jus de cuisson dans une terrine. Enlever la peau du poisson et émietter la chair.

4 Presser les épinards pour exprimer l'excès d'eau, et en garnir la pâte, avec le poisson. Ajouter les jaunes d'œufs et 55 g de fromage au jus de cuisson du poisson, saler et poivrer. Verser sur la pâte, parsemer de fromage, et cuire 25 à 30 minutes pour que la garniture soit dorée et juste prise.

Index